AF566445

natürlich oekom
nachhaltig seit 1989

Bibliografische Information der Deutschen Nationalbibliothek:
Die Deutsche Nationalbibliothek verzeichnet diese Publikation in der Deutschen Nationalbibliografie; detaillierte bibliografische Daten sind im Internet über www.dnb.de abrufbar.

Deutsche Erstausgabe

oekom – Gesellschaft für ökologische Kommunikation mbH
Waltherstraße 29, 80337 München

Lektorat: Laura Kohlrausch, oekom verlag
Korrektorat: Petra Kienle
Typografie & Satz: Tobias Wantzen
Druck: GGP Media GmbH
Umschlaggestaltung: Büro Jorge Schmidt
Umschlagabbildung: Thomas Duffé
ISBN 978-3-96238-381-7

KATHARINA
VAN BRONSWIJK

Klima im Kopf

Angst, Wut, Hoffnung: Was die ökologische Krise mit uns macht

oekom

Für die Liebe
Sie ist unsere größte Superkraft

Inhalt

Vorwort

Dieses Jahr ist der sechste Sachstandsbericht des Weltklimarats erschienen. Der Goldstandard der Klimaforschung. Obwohl der diesjährige Bericht bereits der sechste seit Erscheinen des ersten Weltklimaberichtes im Jahre 1990 ist, haben sich die grundlegenden Erkenntnisse nicht verändert: Die Klimakrise ist eine Bedrohung für die Menschheit und ihre Lebensgrundlagen, sie ist menschengemacht und kann dementsprechend durch den Stopp des Verbrennens fossiler Rohstoffe gestoppt werden.

Während sich die Klimaforschung lange Zeit vor allem auf die physikalischen Ursachen der Klimaerhitzung sowie ihre physikalischen, meteorologischen und biologischen Folgen konzentriert hat, gibt es im neuen IPCC-Bericht zum ersten Mal einen Teil, der sich den psychologischen und psychosozialen Folgen der Klimakrise widmet. Das hat einen guten Grund: Die Krise in ihrer Gesamtheit ist nicht nur eine physikalische Herausforderung. So wie Klimapolitik nie für sich alleine steht, sondern immer Teil verschiedenster Politikfelder von Energie- über Verkehrs- und Landwirtschafts- bis hin zur Finanzpolitik ist, so steht die Klimakrise nie allein für sich als physikalisches Phänomen, welches es durch immer genauere Modelle zu beschreiben und durch technische Maßnahmen einzudämmen gilt.

Die Klimakrise und unser gesellschaftlicher Umgang damit ist zutiefst geprägt von unserer Wahrnehmung, Gefühlen und gefühlten Wahrheiten. Nachdem ich mich die letzten Jahre täglich mit der Klimakrise auseinandergesetzt und mich als Aktivistin für bessere Klimapolitik eingesetzt habe, kann ich aus erster Hand bezeugen, das vom Idealbild des rational denkenden und handelnden Menschen recht wenig übrigbleibt, wenn es an die Auseinandersetzung mit der Klimakrise geht.

Würde der Mensch rational handeln, hätte ich nicht die letzten Jahre meines Lebens mit und bei Klimaprotesten verbracht. Würden Gefühle keine Rolle spielen, müssten meine Cousinen und ich nicht bei jedem Familienessen eine größere, nicht von uns angestoßene Debatte über Fleischkonsum führen. Und wäre unser Gesellschaftsbild nicht zutiefst individualistisch, würde ich nicht nach mehreren Jahren Klimaaktivismus immer noch regelmäßig von Journalist*innen gefragt, was ich denn eigentlich »persönlich« fürs Klima tue.

In den letzten Jahren habe ich erlebt, wie Menschen um mich herum wegen der Klimakrise weinen; aus Wut auf Entscheidungsträger*innen in Politik und Wirtschaft, aus Angst vor den Folgen der Klimakrise, aus Zweifel an der Wirksamkeit der eigenen politischen Aktivität, aus Trauer um die Opfer von Extremwetterereignissen. Ich habe erlebt, wie kognitive Dissonanz uns daran hindert, die Klimakrise in ihrer Dringlichkeit und Bedrohlichkeit zu erfassen. Ich habe erlebt, wie die Ich-Erzählung des Neoliberalismus uns als Gesellschaft davon überzeugt, dass wir ganz alleine mit jeder unserer Entscheidungen für die Lösung der Klimakrise verantwortlich sind – obwohl in Wahrheit 100 Konzerne verantwortlich sind für 71 Prozent der weltweiten CO_2-Emissionen. Und ich habe erlebt, dass die Reaktionen auf die Klimakrise vor allem zwei Richtungen kennen: Verdrängung oder Klimaangst.

Viel zu lange haben sich vor allem Physiker*innen mit der Klimakrise beschäftigt. Lasst uns darüber reden, was sie mit uns als Gesellschaft und mit jedem Einzelnen von uns macht.

Juni 2022
Carla Reemtsma

Einleitung

Die Klimakrise ist eine psychologische Krise

Der renommierte Psychologe Gerd Gigerenzer hat mal ein ziemlich erfolgreiches Buch darüber geschrieben, dass Bauchentscheidungen oft die besseren Entscheidungen sind.[1] Seine zentrale Message: Unsere unbewusste, intuitive Informationsverarbeitung ist manchmal einfach einen Ticken schlauer als nur das, was unser Verstand uns sagt.

Man könnte behaupten, dass mein Leben sehr bauchgesteuert ist – zumindest die großen Entscheidungen, die mich an den Punkt geführt haben, an dem ich gerade stehe. Das war allerdings gar nicht geplant: Am Anfang meines Weges ins Berufsleben stand ein Jurastudium, das war eine sehr rationale Entscheidung. Ein wichtiger Job mit gutem Gehalt, sagte mein Kopf. Und es war eine wirklich blöde Idee. Versteht mich nicht falsch, ich habe nichts gegen Rechtwissenschaften – es war nur einfach nichts für mich. Das hat mir mein Bauchgefühl auch von Anfang an gesagt, ich habe nur nicht darauf gehört.

Eines Tages, ich steckte gerade mitten in der Lernphase für eine Klausur in allgemeinem Verwaltungsrecht (das ist für mich noch langweiliger, als es klingt), erzählte mir meine jüngere Schwester von ihrer eigenen Suche nach einem Studiengang. Sie interessierte sich für allerlei Fächer, unter anderem für Psychologie. Als ich das hörte, heulte mein Verwaltungsrecht-gequälter Bauch innerlich auf und bevor ich Zeit hatte, groß nachzudenken, hörte ich mich sagen: »Ich will auch!« Meine Schwester erwiderte: »Na, dann bewirb dich doch.« Mein Bauch jubelte und ich habe die Entscheidung nie bereut.

Genauso habe ich meinen Weg in die Klimabewegung gefunden. Ich bin seit 2009 Klimaaktivistin. Kurz vor der Klimakonferenz in Kopenhagen bin ich spontan aktiv geworden. Sicherlich gab es so einige Puzzleteile, die vorher schon gepasst haben: Meine Eltern sind umweltbewusste Menschen, ich bezog ein paar Newsletter von umweltbewegten Organisationen und wusste daher, dass so einiges in unserem Umgang mit der Natur schiefläuft, ernährte mich damals bereits vegetarisch und achtete auf meinen ökologischen Fußabdruck. In den Wochen vor der Klimakonferenz feierte der Film *The Age of Stupid* über die Klimakrise globale Premiere. Ich bin ins Kino gegangen, habe mir die volle Dröhnung Klimakrise gegeben und bin recht emotionalisiert, aber auch selbstzufrieden aus dem Kinosaal gegangen – ich mache ja schon alles richtig. Fahre Bahn, esse kein Fleisch, habe Ökostrom. Passt.

Dachte ich zumindest. Im Rausgehen kam ich an einer Greenpeace-Aktivistin an einem Infostand vorbei, die gerade zu jemand anderem sagte: »Es reicht ja nicht, das eigene Leben zu verändern, man muss auch andere davon überzeugen.« Ich blieb wie angewurzelt stehen, mein Bauch schlug Alarm. Ich drehte mich um und fragte: »Was kann ich tun?« Das war keine lang überlegte Sache, sondern ein Impuls – der eine Satz, der meinen innerlichen Tipping Point darstellt und mich zu Greenpeace brachte.

Zehn Jahre später, als ich mein fertiges Psychologiestudium gerade durch eine Ausbildung zur psychologischen Psychotherapeutin ergänzte, bekam ich eine E-Mail meiner Kollegin Lea Dohm, die die psychologischen und psychotherapeutischen Berufsverbände angeschrieben hatte mit der Frage, ob jemand an einer Stellungnahme zur psychologischen Dimension der Klimakrise mitschreiben würde. Es dauerte nicht lange, bis ich antwortete. Mein Bauch sagte damals, als ich diese Antwort-E-Mail verfasste: Das ist das, worauf du gewartet hast. Psychologie und Klimakrise, das bist du. Das ist megawichtig. Mein Verstand war etwas zurückhaltender: Petitionen gibt es wie Sand am Meer und Psycholog*innen und Psychotherapeut*innen sind eher nicht dafür bekannt, politische Wellen zu schlagen. Wahrscheinlich läuft das Ding zwei Monate und gerät dann wieder in Vergessenheit.

Wie habe ich mich doch getäuscht. Inzwischen sind fast drei Jahre vergangen, mittlerweile haben wir *Psychologists for Future* zu einem gemeinnützigen Verein mit ungefähr 1000 ehrenamtlich Aktiven aufgebaut. 1000 Menschen, die neben ihrem Beruf in der Freizeit noch auf Demos und Tagungen fahren, Fachartikel schreiben, ehrenamtlich Gesprächskreise führen, mit interessierten Menschen sprechen und Interviews zum Thema geben. 1000 Psycholog*innen und Psychotherapeut*innen, das ist eine ganze Menge.

Warum tun die das alle? Zweifelsohne, weil sie erkannt haben, dass sich diese Arbeit lohnt – für sie selbst, aber auch für die Gesellschaft und den Kampf gegen die Klimakrise. Denn wir Menschen sind nun mal keine rein rationalen Wesen – auch wenn uns das von der sehr rationalen, technisierten Gesellschaft, in der wir leben, suggeriert wird. Gefühle erscheinen da manchmal als lästiges Überbleibsel der Evolution, das man bei wichtigen Entscheidungen möglichst ausblenden sollte. Aber der Bauch hat so einiges zu sagen und Gefühle sind unsere heimliche Superpower!

Klar, wenn es um die Klimakrise geht, ist die erste Anlaufstation die Naturwissenschaft. Klimatologie, Meteorologie, Geographie, Geologie, Ozeanographie, Physik und Biologie sagen uns, wie es um die Erde bestellt ist, dass da was schiefläuft, was das für Auswirkungen hat und wer dafür verantwortlich ist. Ihre Forschung und ihre Vorhersagen sind essenziell, um die Klimakrise zu verstehen und Ideen zu sammeln, wie wir ihr begegnen können.

Da wir Menschen Teil der Natur sind, um die es dabei geht, sind wir zwangsweise in die Klimakrise involviert – an allen Ecken und Enden. Weil unser zu hoher Ausstoß an Klimagasen die Klimakrise auslöst, sind wir auch die einzigen, die das Problem lösen können. Die Naturwissenschaften haben uns gesagt, dass das Problem echt ernst ist. Wir wissen das. Und trotzdem passiert nicht viel. Und selbst wenn sich einzelne motiviert haben, etwas zu tun, stehen sie oft wie der Ochs vorm Berg – und wissen nicht, wo sie anpacken sollen. Die Situation ist in ihrer Komplexität extrem überfordernd, deswegen braucht es mehr als nur das physikalische Wissen über Klimaveränderungen, und es braucht auch mehr als nur das Wissen über Lösungstechnologien. Diese existenzielle Krise bewegt uns emotional – manchmal so sehr, dass es wieder lähmend ist.

Eigentlich ist es gar nicht überraschend, dass mein Fachgebiet dazu Entscheidendes beizutragen hat. Der Psychologe Bruce Poulsen hat es 2018 so zusammengefasst: »Climate change is a psychological crisis, whatever else it is« – die Klimakrise ist eine psychologische Krise, was auch immer sie sonst noch ist.[2]

Die Psychologie ist die Wissenschaft über das menschliche Verhalten und Erleben, unser Denken und unsere Gefühle. Die Klimakrise ist menschengemacht, es steckt also zwangsläufig ziemlich viel Psychologie in der Klimakrise – ein Blick auf unsere Emotionen zeigt ganz gut, wie es überhaupt so weit kommen konnte, aber auch, wie und warum wir jetzt darauf reagieren. Da wir Menschen die einzigen sind, die die ganze Misere wieder beheben können, ist es höchste Zeit, zu verstehen, wie wir ticken, damit wir mit der Weltrettung endlich durchstarten können.

Die Psychologie kann aber nicht nur Antworten darauf liefern, warum wir nicht vom Sofa hochkommen. Sie liefert auch Antworten darauf, wie die Umwelt unsere psychische Gesundheit beeinflusst. Denn als Wesen auf dieser Erde existieren wir nicht losgelöst von den Dingen um uns herum. Die Klimakrise macht etwas mit uns, physisch und psychisch. Die Weltgesundheitsorganisation, Mediziner*innen und Psychotherapeut*innen weltweit schlagen zurecht Alarm: Die Klimakrise ist die größte Gesundheitsgefahr des 21. Jahrhunderts.[3] In der Medizin werden diese Zusammenhänge unter dem Schlagwort *planetary health* beleuchtet. Mir ist wichtig, dass dieser Zusammenhang noch bekannter wird. Ich will nicht immer nur Dinge wieder in Ordnung bringen müssen, wenn das Kind schon in den Brunnen gefallen ist. Es ist genauso Teil unserer beruflichen Aufgabe, zu erforschen, wie psychische Gesundheit präventiv gefördert werden kann, und uns dafür einzusetzen, dass unser Lebenskontext entsprechend gestaltet wird.

Wenn man über Klima und Gesundheit spricht, lohnt es sich, Menschen nicht nur als Ansammlung aus Organen zu betrachten. In der Medizin und der Psychologie erklärt man sich die Entstehung von Gesundheit und Krankheit mit dem sogenannten *biopsychosozialen Modell.* Wie der Name schon recht wörtlich sagt, gibt es bei jedem Menschen biologische, psychische und soziale Einflüsse, die sowohl auf die körperliche als auch auf die geistige Gesundheit einwirken. Dieses Modell kann man wie eine Schablone neben die Auswirkungen der Klimakrise legen und sich fragen, welche Auswirkungen die Klimakrise auf unseren Körper und biologische Einflüsse hat, welche Auswirkungen auf unsere Gedanken und Gefühle und welche auf unsere soziale Umwelt. Und da kommt einiges zusammen.

Biologische Einflüsse können zum Beispiel genetische Veranlagungen für Krankheiten sein – ein erhöhtes Risiko für bestimmte Krebserkrankungen oder für eine bipolare Störung. Zu biologischen Einflüssen zählen aber natürlich auch Viren und Bakterien, Unfälle oder Hirnschädigungen. Weil das Gehirn ein Organ ist wie jedes andere, kann es genauso eine Erkrankung haben wie die Lunge oder der Magen. Man hat dann eben nicht

Kotzeritis, sondern Halluzinationen. Oft entwickeln körperliche Erkrankungen, besonders wenn sie chronisch sind, auch irgendwann Auswirkungen auf die Psyche. Deswegen gibt es teils begleitende Psychotherapie für bestimmte körperliche Erkrankungen, um bei deren psychischer Bewältigung zu helfen, zum Beispiel bei Krebserkrankungen oder Asthma.

Zu den *psychischen Faktoren* zählen unsere Gedanken und Einstellungen zum Leben. Sie beeinflussen stärker, als man vielleicht vermuten möchte, direkt unseren Körper – etwa, weil von ihnen abhängt, wie gesund wir essen oder wie oft wir Sport machen. Die psychischen Faktoren beeinflussen aber natürlich auch unsere psychische Gesundheit, weil von ihnen zum Beispiel abhängt, ob wir anderen Menschen vertrauen oder lieber als Eigenbrötler*in leben. Psychische Faktoren sind auch unsere Gefühle – also eigentlich nicht die Gefühle an sich, sondern unser Umgang mit Gefühlen. Es macht langfristig eben einen riesigen Unterschied für die körperliche und psychische Gesundheit, ob man eine Freundin vorschickt, wenn man sich nicht traut, jemanden anzusprechen, oder ob man sich erstmal mit einem Liter Wodka Mut antrinkt. Auch unser Verhalten kann also ein psychischer Gesundheitsfaktor sein – Rauchen zum Beispiel erhöht wie jede*r weiß das Krebsrisiko, macht aber auch psychisch abhängig und ist mit Angsterkrankungen verbunden.

Soziale Faktoren umfassen sowas wie den »sozioökonomischen Status« – also wie wir finanziell aufgestellt sind oder welchen Bildungsgrad wir haben, Lebensverhältnisse und Arbeitsverhältnisse, unsere sozialen Beziehungen und die ethnische Zugehörigkeit. Wie stark der Einfluss der Lebensumwelt auf unsere Gesundheit ist, wird immer noch massiv unterschätzt. Schwere körperliche Arbeit oder Arbeit mit schädlichen Substanzen macht krank, da sind sich die meisten einig. Aber genauso ist es wichtig für die Gesundheit, welche Qualität unsere Freundschaften und familiären Beziehungen haben. Menschen in einer Partnerschaft haben zum Beispiel eine höhere Lebenserwartung (zumindest, wenn sie nicht mit Psychopath*innen zusammen sind). Es ist statistisch auch recht deutlich, dass Armut einfach krank macht – nicht nur, weil man sich gesunde Ernährung, Sportangebote und das alles nicht leisten kann, sondern auch, weil sie große Sorgen mit sich bringt. Und wenn man dann wegen des sozialen Milieus, in das man geboren ist, schlechtere Bildungschancen hat und aus dieser Armutsfalle niemals rauskommt, ist das hochgradig deprimierend und birgt einiges an gesellschaftlichem Konfliktpotenzial.

Alle diese Faktoren können unsere Gesundheit stärken oder schwächen. Das *Biopsychosoziale Modell* versteht den Menschen also als eine Körper-Seele-Einheit, die in einen ökologischen und gesellschaftlichen Kontext eingebettet ist. Das zu verstehen ist essenziell, wenn man begreifen will, wie stark die Klimakrise sich auf Körper und Psyche schlägt, selbst wenn sie im Alltag wenig sichtbar wird. Denn auch die ganz große Ebene, der Zustand der Ökosysteme, hat eben einen Einfluss auf unsere Gesundheit. Luftverschmutzung kostet jedes Jahr Hunderttausende Tote weltweit, Corona als sogenannte *Zoonose* (ein Virus, dass von Tieren auf Menschen übergegangen ist) hält uns jahrelang in Schach, Hitzewellen töten Menschen weltweit, auch in Deutschland schon.

Ich könnte diese Liste beliebig weiterführen, auftauchen würden dann schnell auch psychische Auswirkungen. Denn unsere Psyche ist eng mit dem Zustand der Umwelt verbunden, das zeigen wissenschaftliche Studien.

Es gibt beeindruckende Erkenntnisse dazu, wie Naturerfahrungen die psychische Gesundheit von Menschen stärken.[4] Die Rate psychischer Erkrankungen ist in der Stadt größer als auf dem Land und schon nur der Blick auf Baumwipfel führt bei Patient*innen im Krankenhaus dazu, dass sie schneller wieder gesund werden. Wenn wir Pflanzen angucken, dann fährt unser Stresssystem runter, das Herz schlägt langsamer, wir atmen ruhiger. Wenn Menschen sich in Entspannungsübungen einen

»inneren Wohlfühlort« vorstellen, dann liegt der eigentlich immer in der Natur. Ich kenne niemanden, der sich als entspannten Ort eine Autobahnbrücke vorstellt oder eine Großbaustelle. Der innere Wohlfühlort ist meist ein Strand oder ein Wald oder eine Berglandschaft. Eigentlich wissen wir in unserem Kern, dass wir Natur sind und dass wir Natur brauchen. Da überrascht es nicht, dass die Zerstörung der Natur uns auf verschiedenen Wegen schon heute psychisch zu schaffen macht.

Das fängt an bei der offensichtlichsten Folge des Klimawandels: steigende Temperaturen und mit ihnen immer öfter auftretende Hitzesommer. Ab einer gewissen Temperatur macht unser Körper die einfach nicht mehr mit – und die Hitze kocht auch unser Gehirn. Es gibt Studienergebnisse, die stärkere Hitze mit höheren Suizidraten, mehr psychischen Krisen und Aggression in Verbindung bringen. Auch psychische Erkrankungen, die durch die Gehirnbiologie beeinflusst werden – wie Demenz, bipolare Störungen oder Schizophrenie – könnten vermehrt auftreten.[5]

Die Klimakrise wird auch dazu führen, dass Umwelteinflüsse zunehmen, die uns körperlich krank machen: Krankheiten, die wir bisher nur aus tropischen Regionen kennen, breiten sich immer weiter auch in den globalen Norden aus. Das Zika-Virus oder das Westnilfieber und Malaria zum Beispiel. Das ist einerseits körperlich gefährlich (Zika zum Beispiel kann die Gehirnentwicklung bei Kindern beeinträchtigen)[6], andererseits auch psychisch belastend. So wie wir ein Asthma oder eine Krebserkrankung bewältigen müssen, kommen diese Krankheiten noch zu dem normalen Berg an Alltagssorgen hinzu. Apropos Asthma: Es wird auch vorhergesagt, dass Allergien schlimmer werden – einerseits, weil die warmen Tage mehr werden, aber auch weil Luftschadstoffe zunehmen, an die sich die allergieauslösenden Partikel heften und so in unsere Lunge gelangen.

Veränderte Wettermuster und zunehmende Hitze führen auch zu Ernteausfällen und Wasserknappheit, was wiederum zu körperlicher Mangelversorgung führen kann – das trifft unfairer Weise die Menschen im globalen Süden am härtesten. Es betrifft aber auch uns in Deutschland schon heute: Im Hitzesommer 2018 beliefen sich die Ernteausfälle in Deutschland auf rund 2 Milliarden Euro Schaden und haben in einigen Bundesländern die Ernte bestimmter Pflanzensorten um bis zu 50 Prozent dezimiert.[7] Solche Engpässe erzeugen enormen psychischen Druck bei denjenigen, die von der Landwirtschaft abhängen oder einfach nicht wissen, wie sie sich und ihre Familie noch ernähren sollen.

Je häufiger Extremwetterereignisse auftreten, die durch die Klimakrise begünstigt werden – etwa Überflutungen, Brände und Hurrikane –, desto mehr wird auch psychische Traumatisierung ein Thema. Menschen können unterschiedlich gut mit traumatischen Erfahrungen umgehen – das hängt von ihrer psychischen Widerstandskraft ab, von der Unterstützung etwa durch Freund*innen und Familie und natürlich auch davon, wie stark sie oder ihre Liebsten direkt betroffen sind.

Das Welt- und Selbstbild brechen bei einer direkten Betroffenheit oft wie ein Kartenhaus in sich zusammen. Man merkt plötzlich, dass die Klimakrise kein weit entferntes Zukunftsereignis ist, nicht nur andere betrifft, nicht nur auf weit entfernten Kontinenten wütet. Zuhause ist plötzlich kein sicherer Ort mehr und man hat zugleich keinen Einfluss auf die Klimaveränderungen, die sich vollziehen. Betroffene hinterfragen ihre Einstellungen zur Welt, zu anderen Menschen und zu sich selbst: Vielleicht ist die Welt doch nicht so ungefährlich, wie man dachte, vielleicht sind andere Menschen doch nicht so verlässlich, wie man dachte, vielleicht ist man doch nicht so stark, wie man dachte. Durch ein Trauma wird das Sicherheitsgefühl erschüttert. Das Haus ist weggeschwemmt oder verbrannt, alle Fotoalben, alle persönlichen Gegenstände sind weg. Das eigene Leben bis hierhin scheint wie ausgelöscht, als wäre es nie gewesen. Die Gespräche und der Umgang miteinander sind durch das Thema belastet, die Familie ist dauergestresst. Vielleicht kommt es zu häuslicher Gewalt, die dann wieder psychische und körperliche Folgen für die Betroffenen hat. Wenn man psychisch belastet ist, dann fällt es auch schwer, konzentriert und gut zu arbeiten. Dann kommt Stress mit den Kolleg*innen und den Chef*innen dazu. Nirgendwo kommt man zur Ruhe. Der Stress macht anfälliger für körperliche Infekte, weil chronischer Stress das Immunsystem unterdrückt. Betroffene haben häufig viele Krankheitstage, die wiederum die Firma und langfristig auch unser Gesundheits- und Wirtschaftssystem belasten. Katastrophen belasten noch lange weiter, obwohl Feuer oder Wasser längst weg sind.

Die bekannteste Folge von Traumatisierungen ist die *posttraumatische Belastungsstörung* (PTBS), bei der Betroffene ihr traumatisches Erlebnis nicht gut verarbeiten konnten und dann unter Dauerstrom stehen, Alpträume haben und durch *Trigger* Gefühle und Bilder wieder hochkommen und sie das Trauma immer und immer wiedererleben.

Es gibt neben der PTBS aber noch viele weitere Arten, wie die Psyche versucht, die Hilflosigkeit und Ohnmacht eines Traumas zu verarbeiten. Das können Angststörungen jeglicher Art sein oder Depressionen. Manchmal drückt sich ein Trauma auch in körperlichen Symptomen aus – ständige Schmerzen, Lähmungserscheinungen oder Ohrgeräusche, die Seele und der Körper sind da manchmal recht kreativ. Wenn Menschen versuchen, unangenehme Bilder und Gefühle mit Alkohol, Drogen, Rauchen oder durch Essen »wegzumachen«, können Suchterkrankungen und Essstörungen die Folge sein. Alle diese psychischen Erkrankungen ziehen einen riesigen Rattenschwanz nach sich – Beziehungen leiden darunter, Angehörige und besonders Kinder werden belastet. Nach Hurrikan Katrina hatte fast jeder sechste eine PTBS, fast die Hälfte der Betroffenen depressive oder ängstliche Symptome, die Suizidalität verdoppelte sich.[8]

Es muss uns aber gar keine Katastrophe ereilen, damit das Klima sich in unserem Kopf breit macht. Auch, wenn wir die Auswirkungen noch nicht ständig am eigenen Leib zu spüren bekommen, löst die Klimakrise schon ziemlich viele Gefühle in uns aus, denn wir haben ja ein Hirn und *verstehen*, was die Klimatologen uns da ankündigen, auch auf einem abstrakten Level. Es lässt sich gar nicht verhindern, dass wir auf all die Hiobsbotschaften und nötigen Änderungen unseres Lebensstils emotional reagieren – und das ist auch gut so. Der Clou ist, sie nicht zu verdrängen (was auf lange Sicht eh nicht geht, glaubt mir, ich bin da Expertin), sondern ihre Nachrichten ernst zu nehmen und sie zu verarbeiten. Emotionen sind evolutionär dazu da, uns zum Handeln zu bewegen. Daher ist es schade und schädlich, sie aus der Debatte um die Klimakrise künstlich heraushalten zu wollen.

Seit Beginn unserer Arbeit bei *Psychologists for Future* hat sich hier schon einiges bewegt. Begriffe wie »Klimaangst«, »eco depression« oder »Solastalgie« tauchen immer öfter in den Medien auf, die Diskussion um Emotionen in der Klimakrise hat ordentlich Fahrt aufgenommen. Menschen gehen wegen ihrer Zukunftsängste in Gebärstreik; enttäuschte, besorgte und wütende Menschen machen Straßenblockaden und andere wütende Menschen beschimpfen diese Blockaden; sogar von »Klimahysterie« ist die Rede.

Gerade weil diese Diskussionen langsam anlaufen, sind da aber auch einige Missverständnisse entstanden, zum Beispiel über die Beurteilung dieser Klimagefühle und den Umgang damit. Ich persönlich bin ein Fan von Angst, Wut, Trauer, Schuld und Scham – genauso wie von Freude, Liebe, Stolz und Hoffnung. Vielleicht kann ich euch mit meiner Begeisterung für Gefühle in diesem Buch ein bisschen anstecken.

Namensgeber des Buchs ist übrigens der großartige Podcast »Klima im Kopf« von *Psychologists for Future.*[9] Ich kann euch nur empfehlen, da mal reinzuhören, wenn ihr nach dem Buch Lust habt, noch tiefer und mit mehr Facetten in die psychologischen Hintergründe zur Klimakrise einzusteigen!

Kapitel 1

Achselzuckend in die Apokalypse

Die Erkenntnisse der Wissenschaftler*innen sind eindeutig. Schon lange warnen sie uns. Das Klima verändert sich – für seine Verhältnisse – rapide, Tierarten sterben so schnell aus wie seit Millionen von Jahren nicht mehr und die Böden der Erde sind dermaßen ausgelaugt, dass Expert*innen davon ausgehen, dass sie nur noch etwa 60 Ernten tragen können, wenn es so weitergeht wie bisher.[10] Genauso eindeutig ist leider die Antwort auf die Frage, warum der Planet in einem derart desolaten Zustand ist: Wir Menschen sind dafür verantwortlich. Mit unserer industrialisierten Wirtschaftsweise, ausgerichtet auf immer schnellere und höhere Gewinne, ziehen wir so viele Rohstoffe, Flächen und Energie aus der Natur und geben ihr zugleich so viel Müll zurück, dass die Erde einfach nicht mehr hinterherkommt. *Planetare Grenzen* nennt man das: Die Wohlfühlgrenzen des Planeten, innerhalb derer die Natur sich regenerieren kann. Oder eben nicht, wenn sie überschritten werden.

Was passiert, wenn wir dieses Spiel so weitertreiben, davon gibt die Wissenschaft uns eine düstere Zukunftsvision: 500.000 Arten werden bereits jetzt als »dead species walking« bezeichnet; Ernten fallen aus, weil es zu trocken ist; Nahrungsmittel und Wasser werden knapp; immer mehr Wälder brennen ab; Trockenheit wird abgelöst von Starkregen mit Überflutungen; das Meer reicht bis nach Hamburg; wir leiden in den Hitzewellen des Sommers und alte Menschen sterben daran; Nationen führen Ressourcenkriege um Nahrung, Wasser und Rohstoffe; Menschen müssen weltweit aus nicht mehr bewohnbaren Gegenden fliehen; Pandemien nehmen zu, weil Wildtiere, von denen Erreger übertragen werden, sich kaum noch vom Menschen fern halten können.[11] Es übersteigt unsere Vorstellungskraft!

Diese Probleme sind nicht unbekannt oder erst kürzlich entdeckt worden. Seit Jahrzehnten diskutieren Politiker*innen auf Klimakonferenzen über die Eindämmung der Klimakrise. Es gibt Beschlüsse, Absprachen, Selbstverpflichtungen der Länder – in Paris wurde 2015 beschlossen, dass der Anstieg der weltweiten Durchschnittstemperatur unter 1,5 Grad Celsius oder mindestens 2 Grad gegenüber vorindustriellen Werten gehalten werden soll. Um unter 1,5 Grad zu bleiben, hätten wir heute, im Jahr 2022, weniger als sieben Jahre, um die globale Wirtschaft und unsere Lebensweise umzustellen und die Emissionen auf null zu senken – das ist gelinde gesagt unwahrscheinlich.[12] Wollen wir zumindest die 2 Grad nicht reißen und die Arbeit zugleich gerecht aufteilen (wer mehr CO_2 ausgestoßen hat, muss auch schneller zur Lösung beitragen), muss Deutschland bis 2035 klimaneutral sein, der globale Süden bis etwa 2050. Das klingt vielleicht nach einer langen Zeitspanne, aber bis 2035 sind es noch 13 Jahre. Die reichen vielleicht, um einen Schulabschluss zu bekommen, aber in der Zeit ein ganzes Land umzustricken ist schon echt ambitioniert.

All diese Bedrohungen sind so glasklar – und trotzdem scheint keiner so richtig eine Handlungsnotwendigkeit zu verspüren. Klimakonferenzen kommen und gehen, nach Jahrzehnten haben wir Abkommen, aus denen man scheinbar nach Lust und Laune aus- und wieder eintreten kann (so wie die USA), die weltweiten Emissionen steigen derweil immer weiter. In so einer Lage kann man sich schon mal fragen, warum Menschen nicht ins Handeln kommen. Warum fällt es uns so schwer, die Fakten ernst zu nehmen und die daraus folgenden Konsequenzen umzusetzen? Warum schlendern wir achselzuckend in die Apokalypse?

Warum tut denn keiner was?

Die meisten von uns gehen vermutlich davon aus, dass Menschen rationale Wesen sind und dass wir als logisch denkende Spezies einen wissenschaftlichen Konsens niemals einfach ignorieren würden. Ein Großteil der Bevölkerung leugnet die naturwissenschaftlichen Erkenntnisse zur Überschreitung der planetaren Grenzen auch gar nicht.[13] Das Umweltbewusstsein in der Gesellschaft ist hoch und trotzdem passiert zu wenig. Es liegt also nicht an den Fakten. Aber woran dann? Willkommen im Reich der Psychologie.

Erklärungen dafür, warum wir uns so schwer damit tun, unsere Lebensgrundlagen und Mitlebewesen ausreichend zu schützen, liefert die Umweltpsychologie – ein Forschungsbereich, der sich auf die Fahnen geschrieben hat, die Wechselwirkungen zwischen menschlicher Psyche und Umwelt (neben der Natur auch städtische Lebensräume, Arbeit und so weiter) zu analysieren.

2011 hat der kanadische Umweltpsychologe Robert Gifford die Hürden zusammengetragen, die in unseren eigenen Köpfen entstehen und uns davon abhalten, in die Hände zu spucken und loszulegen. Gifford nennt diese psychischen Hürden die »Drachen der Untätigkeit«. Seit der Publikation seiner Beobachtungen ist einige Zeit ins Land gegangen, in der diese Drachen es sich zwischen den Held*innen (das sind wir!) und dem glitzernden Schatz (einem klimaneutralen Leben) so richtig gemütlich gemacht haben. Es sind sogar welche dazugekommen: 2011 zählte Gifford noch 29 Drachen in 7 Gattungen, inzwischen listet er schon 36 auf seiner Website auf.[14] Es lohnt sich, diese (un) bequemen Gesellen genauer kennenzulernen. Wie alle guten Fabeltiere kann man sie nämlich viel einfacher zähmen, wenn man erstmal ihre geheimen Kräfte kennt.

Drachengattung 1: Begrenztes Denkvermögen

Ja, wirklich: Begrenztes Denkvermögen des Menschen! Diese Drachengattung hat es in sich, weil wir einfach nicht wahrhaben wollen, dass es sie gibt. Wer gibt schon gerne zu, dass sein Gehirn den Krisen unserer Zeit nicht voll und ganz gewachsen ist? Die Drachen des begrenzten Denkvermögens können sich gut unsichtbar machen, solange wir sie nicht sehen wollen, aber eigentlich ist ihre Anwesenheit ziemlich offensichtlich.

Der Zahn, dass es für Menschen *die eine* objektive Wahrheit gibt, der wird einem schon im ersten Semester des Psychologiestudiums gezogen. Selbst in der Wissenschaft kann man sich der Welt da draußen immer nur über Modelle und Messinstrumente annähern, die ihre jeweils eigenen Limitationen, blinden Flecken und Vorannahmen mitbringen. Im menschlichen Gehirn ist das noch viel extremer: Jede Information, die an unseren Sinnesorganen ankommt, wird im Gehirn gefiltert und nach bestimmten Regeln einsortiert. Im Endeffekt ist jegliche Art von Erkenntnis, die unser Gehirn erlangt, immer eine Konstruktion – eine Interpretation dessen, was unsere Sinnesorgane »wahrnehmen«.

Kleines Experiment gefällig, um zu illustrieren, was ich meine? Schaut euch mal diese beiden Striche an. Welcher von denen ist länger?

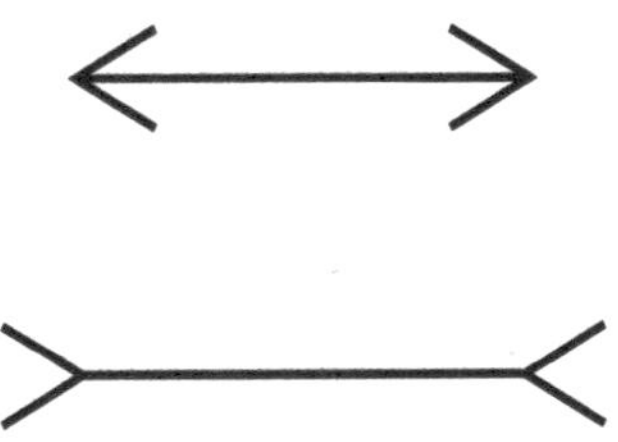

Euch ist jetzt natürlich bewusst, dass das eine Fangfrage ist und die Striche vermutlich gleich lang sind. Aber ganz ehrlich: Der untere sieht länger aus, oder?

Wenn das nächste Mal der Vollmond riesig am Horizont über den Baumwipfeln steht, macht mal ein Foto davon. Ihr werdet feststellen, dass er in Wirklichkeit (durch die physikalische Linse der Kamera) viel kleiner ist, als ihr ihn seht. Das ist die sogenannte *Mondillusion* – unser Gehirn rechnet ihn künstlich größer, weil er praktisch in den Baumwipfeln am Horizont hängt und demnach genauso nah sein müsste wie die Bäume – zumindest in der Logik unseres Gehirns.

Unser Denkorgan ist außerdem darauf ausgelegt, sehr selektiv zu sein – jede Sekunde filtert es Tausende Reize aus, die wir im Moment nicht brauchen. Während ihr dieses Buch lest, verarbeitet ihr die Buchstaben auf dem weißen Hintergrund und blendet dabei aus, dass es draußen vielleicht windig ist und die Äste eines Baums an eurer Fensterscheibe klappern oder dass eure Schultern verspannt sind und ihr vielleicht auch schon ein bisschen Hunger verspürt. Manche Menschen haben bessere Filterfunktionen, andere schlechtere – die sind dann leichter ablenkbar. Diese Selektivität ist eine großartige Leistung, ohne die wir uns kaum konzentrieren könnten, aber sie führt dazu, dass unser Bild der Welt alles ist, nur keine allumfassende Wahrheit.

Unsere Wahrnehmung ist also subjektiv und selektiv und die Welt nicht immer, was sie scheint. Daneben hat unser Gehirn noch so einige weitere Mechanismen, die eigentlich sehr praktisch sind, weil sie uns bei der schnellen, alltagstauglichen Informationsverarbeitung helfen. Bei Kleinigkeiten wie »Wie binde ich mir die Schuhe zu?« ist es sinnvoll, dass wir automatische Bewegungsabläufe gespeichert haben und nicht jedes Mal überlegen müssen, wann das linke über das rechte Band gelegt wird. Diese Alltagshilfen gibt es nicht nur für Bewegungsabläufe, sondern auch für Vorgänge im Denken, etwa wenn wir schnell Entscheidungen treffen: Lieber den Stau aussitzen oder einen Umweg nehmen? Lottoschein kaufen oder Geld in die Spardose stecken? Zur schnellen Entscheidungsfindung greifen Menschen zum Beispiel auf sogenannte *Heuristiken* zurück – das sind Faustregeln –, anstatt alles bis ins kleinste Detail durchzuanalysieren. Das spart Zeit und Energie, hat aber einen Haken: Wir unterliegen dabei immer mal wieder sogenannten *Biases* – kognitiven Verzerrungen, bei denen unsere eigenen Faustregeln uns irreführen. Habe ich beispielsweise gestern einen Zeitungsbericht über einen Lottogewinner gelesen oder hat meine Nachbarin gerade eine kleine Summe gewonnen, schätze ich die Wahrscheinlichkeit, selbst Glück zu haben, höher ein und greife eher zum Lottoschein.

Heuristiken nutzen wir auch gerne, wenn es zwar nicht schnell gehen muss, aber eine Menge Unsicherheit mit im Spiel ist, etwa durch zu wenige Daten oder eine zu komplexe Datenlage. Der Klimawandel bringt einige solcher Unsicherheiten mit sich (nein, ob es ihn gibt, ist keine davon): Der richtig gefährliche Teil der Erdüberhitzung liegt in der Zukunft und wird von der Wissenschaft in unterschiedlichen Wahrscheinlichkeitsfenstern für verschiedene Szenarien dargestellt. Das ist wissenschaftlich korrekt, hilft unserem Gehirn aber überhaupt nicht bei der Verarbeitung. Wir hätten die Welt gerne schwarz-weiß, eindeutig. Das ist sie leider nicht.

Deswegen färbt uns unser Gehirn die Welt manchmal einfach selbst etwas mehr schwarz-weiß, zum Beispiel, indem wir dem sogenannten *Confirmation Bias* unterliegen, dem Bestätigungsfehler. Dabei pickt unser Gehirn, wenn wir zum Beispiel fernsehen oder uns unterhalten, genau die Informationen heraus, die unser vorheriges Welt- und Selbstbild bestätigen. Wir versuchen also, so lange Informationen in unsere bestehende Interpretation der Welt einzubauen, wie es nur geht (das nennt der Kognitionspsychologe Jean Piaget *Assimilation*). Grautöne werden ausgeblendet. Wenn das irgendwann nicht mehr funktioniert, müssen wir unser Welt- oder Selbstbild anpassen; das ist Arbeit (Piaget nennt sie *Akkomodation*), deswegen vermeiden wir das möglichst lange.

Es gibt über einhundert verschiedene *Biases*. Eine *Bias*-Gruppe etwa ist nur dazu da, Informationsmengen zu reduzieren, wenn wir zu viele Informationen zu verarbeiten haben. Wenn wir zum Beispiel etwas das erste Mal bewusst erleben, dann haben wir den Eindruck, dass es danach viel häufiger passiert (*Frequency Illusion*). Wenn wir ein neues Auto kaufen, dann fallen uns plötzlich viele Autos dieses Modells auf den Straßen auf – wir bekommen den Eindruck, dass deutlich mehr davon herumfahren als vorher. Das liegt daran, dass wir dem Modell mehr Aufmerksamkeit widmen als vorher, aber ziemlich sicher nicht daran, dass Hunderte Menschen über Nacht dieses Auto erworben haben.

Unser Gehirn versucht auch immer einen tieferen Sinn in Dingen zu sehen. Es liebt Geschichten und will allem eine Bedeutung geben. Einen Anteil daran hat die Verzerrung durch »anekdotische Evidenz« (*Anecdotal Fallacy*). Die verzerrt beispielsweise die Debatte über Coronaimpfungen: Es gibt internationale Studien mit Tausenden untersuchten Menschen, die zeigen, dass die Impfungen sicher sind und in den allermeisten Fällen keine schwerwiegenden Nebenwirkungen haben. Wenn uns jetzt aber eine Bekannte erzählt, dass ein Nachbar ihres Bruders diese und jene schlimme Nebenwirkung gehabt haben soll, dann wiegt das in unserem Kopf viel schwerer als die »kalten« Zahlen aus einer Studie, zu denen wir keine Gesichter und keine soziale Beziehung haben.

Gerade, wenn es um Statistiken und gesundheitliche Fragen geht, führt uns noch ein anderer Bias schwer hinters Licht: Menschen sind unrealistisch optimistisch, was sie selbst betrifft. Wir gehen nicht davon aus, dass wir einen Herzinfarkt bekommen, selbst wenn wir vielleicht als übergewichtige Raucher*innen statistisch ein durchaus erhöhtes Risiko haben. »Bei anderen vielleicht, aber mir geht's ja gut« – uns selbst sehen wir in Bezug auf potenzielle negative Folgen gerne als die Ausnahme, die die Regel bestätigt. Das nennen Psycholog*innen den *Optimism Bias*, die Optimismusverzerrung. Es wird schon gut gehen. Das ist nicht nur in Bezug auf Gesundheit, sondern auch mit Blick auf die Klimakrise eine fatale Einstellung. Entgegen wissenschaftlicher Einschätzungen vertrauen wir oft darauf, dass die Maßnahmen, die in Wirtschaft und Politik – oder auch von einem selbst – ergriffen werden, ausreichen werden, um das Schlimmste zu verhindern, zumindest für die eigene Lebenszeit und die der eigenen Kinder und Enkel.

Die Verzerrungsdrachen schleichen sich auch in unser Denken, wenn es darum geht, sich Dinge zu merken: Zum Beispiel fällt es uns besonders leicht, uns an die erste und letzte Nennung einer Aufzählung zu erinnern, die dazwischen verschwinden in der Masse, weil sie nicht besonders herausstechen (*Primacy Effect* und *Recency Effect*). Ob beim ersten Date, im Vorstellungsgespräch oder auf einer Party: Wenn man in Erinnerung bleiben möchte, lohnt es sich also, die schlauen Dinge als Erstes oder Letztes zu sagen.

Solche kognitiven Verzerrungsdrachen, die unser Denken und unsere Informationsverarbeitung beeinflussen, erzeugen Hürden, die Informationen in unserem Gehirn überwinden müssen, um als relevant eingestuft, erinnert und verarbeitet zu werden. Der Weg, den Klimainformationen in unserem Hirn nehmen müssen, gleicht dem reinsten Hürdenlauf.

Hinzu kommt, dass wir nur eine begrenzte Kapazität an Aufmerksamkeit und Sorgen haben (*Finite Pool of Worry*). Es gibt viele Probleme, mit denen wir tagtäglich konfrontiert werden: persönliche Probleme (mein Kind heult und lässt sich nicht beruhigen, ich habe wenig geschlafen, wie soll ich die nächste Miete bezahlen?), akute gesellschaftliche Probleme (beispielsweise die Coronapandemie) – und dann eben auch noch solche langfristigen Probleme wie die Klimakrise. Die rücken dann aber gerne mal in den Hintergrund, weil sie einfach aktuell nicht das subjektiv drängendste Problem sind. Mein Kind muss ich jetzt trösten, aber um die Klimakrise kann ich mich auch morgen noch kümmern.

Die Klimakrise fühlt sich oft wie etwas an, das weit in der Zukunft und an entfernten Orten Auswirkungen hat. Mehr wie ein Problem irgendwelcher Pazifikinseln in 200 Jahren – oder das Problem der Eisbären, aber doch nicht unseres. Das wird dadurch verstärkt, dass Extremwetterphänomene zwar durch die Klimakrise häufiger und auch stärker werden, wir aber wissenschaftlich korrekt nicht für ein Einzelereignis sagen können, dass genau daran jetzt die Klimakrise schuld ist. Und wenn in Zeitungen oder Fernsehberichten über die Klimakrise berichtet wird, wird das Thema eben oft mit den klischeehaften Eisbären bebildert statt dem eigenen Hinterhof. Das ist ein ganz wunderbarer Ausweg für unser Gehirn, um keine persönliche Relevanz zu empfinden.

Psychisch nah und damit potenziell auch bedrohlich wirkt für uns etwas, das zeitlich, räumlich oder sozial nah an uns dran ist. Also zum Beispiel ein Hochwasser, das gerade eben direkt um die Ecke unzählige Häuser überflutet hat, wo ich Betroffene kenne. Je häufiger wir solche Erfahrungen machen, desto schwerer wird es unserem Gehirn fallen, zu denken, dass die Klimakrise uns nicht betrifft. Aber selbst, wenn wir ein Bedrohungserleben haben, heißt das noch lange nicht, dass wir automatisch auch ins Handeln kommen. Ein Problembewusstsein allein reicht nicht aus. Wenn der eine Drache versagt, dann hat er zum Glück noch eine ganze Horde Kumpels, die ihm helfen, uns trotzdem untätig zu halten.

Ein Grund dafür kann eine gewisse Abstumpfung sein – wenn wir das x-te Mal Bilder von Extremwetterereignissen und leidenden Menschen sehen, aber nichts tun können oder glauben, nichts tun zu können, um das Problem zu lösen, dann gewöhnen wir uns irgendwann daran. Der norwegische Psychologe Per Espen Stoknes nennt das *Apocalpyse Fatigue*: Wir spalten die mit negativen Informationen verbundenen Gefühle und das Mitgefühl ab, damit es uns nicht jedes Mal wieder innerlich zerreißt. Eine wesentliche Frage ist also: Glauben wir, etwas tun zu können, und haben wir tatsächlich die Handlungsmöglichkeiten?

Selbst wenn es Handlungsmöglichkeiten gibt, kann es durch eine *Verantwortungsdiffusion* dazu kommen, dass wir der Meinung sind, nicht handeln zu müssen. Dieser Drache flüstert uns den Gedanken ein, dass doch eigentlich (erst) die anderen etwas tun müssten. Diese anderen können Politiker*innen sein, andere Länder oder auch unsere Nachbar*innen – soll doch China seine CO_2-Emissionen senken und der Onkel mit den drei Autos erstmal zwei verkaufen! Können wir mit dem Finger auf andere zeigen, sind wir fein raus und müssen selbst nichts tun. Das kann man mit dem sogenannten *Bystander Effect* erklären: In einem Experiment lies man Teilnehmer*innen in einem Raum Aufgaben bearbeiten. Dabei wurde irgendwann ohne Warnung künstlicher Rauch in den Raum geleitet. 75 Prozent der Leute reagierten auf den Rauch, wenn sie alleine im Raum saßen, indem sie nachschauten, wo er herkam, oder jemandem Bescheid sagten. Wenn zusätzlich zur untersuchten Person andere, in das Experiment eingeweihte, dabeisaßen und den Rauch ignorierten, dann reagierten nur noch 10 Prozent der untersuchten Personen auf den Rauch.[15] Wir richten uns also an anderen aus, weil es unserem uralten Gehirn extrem wichtig ist, dass wir keine Außenseiter*innen sind und die Verantwortung sich auf vielen Schultern verteilt. Im Nachhinein fanden die inaktiven Teilnehmer*innen übrigens stets rationale Gründe, warum sie nicht gehandelt haben, und sagten, der Rauch habe einfach nicht gefährlich gewirkt. Dass sie von den anderen beeinflusst waren, sagten sie nicht – vielleicht war es ihnen gar nicht klar. In Bezug auf die Klimakrise könnte man einen globalen *Bystander Effect* vermuten: Alle warten darauf, dass die anderen anfangen, etwas zu tun.

Drachenzähmen, Lektion 1

Und hier kommt auch schon die erste gute Nachricht zu dieser gruseligen ersten Drachengattung: Es kann auch positive soziale Ansteckung geben! Man kann den *Bystander-Effect*-Drachen sozusagen zähmen und ihn für sich arbeiten lassen: Demos – zum

Beispiel Streiks von *Fridays for Future* – machen die große Menge an Menschen sichtbar, die sich bereits heute für den Klimaschutz engagiert. So einer Menge schließt sich unser Gehirn gerne an. Genauso wirkt es, wenn wir in Nachbarschaftsprojekten oder dem eigenen Freundeskreis erleben, dass andere die Klimakrise ernst nehmen und selbst aktiv werden. Die Handlung anderer kann Menschen aus ihrem Zuschauermodus reißen und zum Handeln motivieren.

Das menschliche Gehirn ist leider nicht dafür gestrickt, dass wir als Einzelperson so komplexe Probleme wie die Klimakrise verarbeiten. Das kann man als narzisstische Kränkung nehmen und sich denken »Na, dann lass ich es einfach«. Das wäre aber natürlich Quatsch, denn was unsere Gehirne ganz wunderbar können ist zu kooperieren, um gemeinsam Lösungen zu finden. Wir sind ja nicht allein auf der Welt und müssen auch nicht jedes Problem alleine lösen. Menschen können zusammen Wissen schaffen (Wissenschaft eben) und sich gegenseitig korrigieren, sodass wir zusammen ein genaueres Bild bekommen. Zusammen ins Feld ziehen gegen die verschiedenen Drachen. Wir halten sie in Schach und können so gemeinsam ein ganz gutes Bild zusammensetzen, sowohl vom Problem als auch von den Lösungen.

Unsere eigenen Unzulänglichkeiten zu kennen und ihnen ehrlich ins Gesicht zu blicken kann uns helfen, dabei mitfühlender mit uns und anderen zu sein. Das gilt übrigens nicht nur in Bezug auf die Klimakrise. Wir haben leider die Weisheit alle nicht mit Löffeln gegessen und haben alle eine sehr begrenzte, zwangsläufig subjektive Sicht auf die Welt. Ich versuche mir das immer wieder klarzumachen, wenn ich Streit mit anderen habe: Ich habe die Wahrheit nicht gepachtet, jede*r hat eine eigene Perspektive und eigene Lebenswirklichkeiten. Im Gespräch können wir anderen unsere Welt beschreiben und Missverständnisse so weit möglich verkleinern – und von dort aus produktiv zusammenarbeiten.

Drachengattung 2: Ideologien

Sind die ersten Drachen da, laden sie leider weitere Verwandte und Freunde zur Party ein. Die zweite Drachengruppe, die Ideologien, sind solche ungewollten Anhängsel, die dem *Confirmation-Bias*-Drachen gerne hinterherdackeln: Weil wir dem Bestätigungsfehler – *Confirmation Bias* – unterliegen und uns die Dinge gerne so zurechtlegen, dass wir unsere Denkmuster nicht verändern müssen, hat unsere Weltanschauung einen ganz wesentlichen Einfluss darauf, wie wir denken und handeln. Ein klassisches Beispiel für Weltanschauungen sind Religionen. Wenn wir daran glauben, dass Mutter Natur oder ein allmächtiger Gott einen Plan hat, dann gehört die Klimakrise und vielleicht auch ihre Lösung durch ebenjenes übernatürliche Wesen vielleicht dazu. Dann ist es gar nicht unsere Aufgabe, das Problem zu lösen. Inzwischen sind die Weltanschauungen vieler Menschen aber nicht mehr (oder zumindest nicht mehr ausschließlich) durch Religion geprägt. In Deutschland haben weite Teile unserer Politik und Wirtschaft die Religion durch einen fast schon religiösen Technikglauben ersetzt – dazu aber später mehr.

Sprechen wir über ökologische Krisen, dann ist vor allem eine Weltanschauung in Europa am Steuer: Unser kolonialistisches Erbe, denn das versteckt sich nicht nur in Geschichtsbüchern, sondern auch in unseren Köpfen. Spätestens seitdem Kolumbus den amerikanischen Kontinent betreten hat, herrscht eine kolonialistische Denkweise in Europa vor. Wir denken, wir könnten Ressourcen (und bis vor gar nicht allzu langer Zeit auch Menschen) einfach nehmen und zu unserer Gewinnmaximierung nutzen. Dabei sind kurzfristige Gewinne wichtiger als langfristige Schäden – zumindest wird dieses Denken durch Quartalsberichte und Legislaturperioden befeuert. Wir fühlen uns nicht mehr als Teil des Ökosystems, sondern als wäre das Ökosystem ein Dienstleister für uns. Wenn die Bienen aussterben, dann sehen wir das als einen Verlust ihrer Bestäubungsleistung, die wir durch Roboterbienen ersetzen können –, aber der

Wert der Lebensform Biene an sich, zu dem haben wir irgendwie keine Verbindung mehr.

Ich spreche hier von einem diffusen »wir«. Sicherlich empfinden manche Menschen das ganz anderes. Es geht mir bei dem »wir« um die Beschreibung dessen, was ich kollektiv in unserer Gesellschaft beobachte – das dominante Bild von Mensch und Natur, mit dem Europäer*innen aufwachsen. Dass es auch Menschen gibt, die diese Erzählungen hinterfragen, zeigt sich zum Beispiel in einem aktivistischen Spruch, den ich sehr gerne mag: »We are not defending nature, we are nature defending itself« – Wir verteidigen nicht die Natur. Wir sind die Natur, die sich selbst verteidigt.

Wir im globalen Norden haben viel davon, das (neo-)liberale und (post-)kolonialistische Bild der Natur und der Menschen im globalen Süden als Dienstleister nicht zu hinterfragen, sondern einfach davon zu profitieren. Wir gehören schließlich nicht zu den »MAPA« – den *most affected people and areas*. Deswegen betreiben wir gerne *Systemrechtfertigung* – so nennt es Gifford – schließlich tut das System uns ja gut. Wir wollen die Vorteile nicht aufgeben und durch die Veränderungen nicht benachteiligt werden. Diesen Drachen stelle ich mir vor wie ein übergewichtiges Monster, das in einer Ecke sitzt, alles frisst, was in Reichweite kommt, und vor sich hin qualmt.

Eine Möglichkeit der Systemrechtfertigung ist der weitverbreitete *Glaube an eine gerechte Welt* – so, wie es läuft, wird es schon seine Richtigkeit haben.[16] Auch in der Erzählung vom amerikanischen Traum oder dem Sprichwort »Jeder ist seines eigenen Glückes Schmied« steckt die Annahme, dass man selbst daran schuld ist, wenn man keinen Erfolg oder kein Geld oder keine Macht hat. Man hat sich einfach nicht genug angestrengt. Bei dieser Argumentation wird komplett außer Acht gelassen, dass Menschen unterschiedliche Startvoraussetzungen ins Leben haben und unterschiedliche Hürden auf dem Weg meistern müssen (oder eben nicht): Beginnt man in einem Slum in Rio de Janeiro, ist der Weg zum 5-Zimmer-Vorstadthaus ein anderer als aus einem Berliner Vorort. »Du musst dich nur anstrengen« wird dieser Wahrheit nicht gerecht – aber unser Gehirn hat es eben gerne einfach.

Ich war als Studentin mal auf einer Konferenz für Indigenenrechte bei den Vereinten Nationen. Eigentlich wollten wir damals die Gelegenheit für ein Forschungsvorhaben in kulturvergleichender Psychologie nutzen. Es kamen Menschen unterschiedlichster, auch indigener Kulturen nach Genf und wir als psychologisches Forschungsteam konnten sie recht einfach zwischen den Sitzungen befragen, wenn sie dazu bereit waren. Dort habe ich zum Beispiel Massai getroffen, Pygmäen, Mapuche und Sami. Es war sehr spannend, mit so unterschiedlichen Menschen zu sprechen. Was mich dagegen richtig schockierte, war die Art, wie die Verhandlungen geführt wurden. Die Vertreter*innen der indigenen Gruppen, um die es bei der Konferenz ja eigentlich ging, saßen meist in den letzten Reihen (weil sie mit NGOs gemeinsam angereist waren, denen die hinteren Reihen vorbehalten wurden), während die Regierungschefs vorne saßen und viel mehr Redezeit zur Verfügung hatten. Alles, was dort gesagt wurde, war dominiert von einer bestimmten Vorstellung von »Entwicklung«. Wir aus dem globalen Norden mit unserem neoliberalen Weltbild glauben, dass Entwicklung immer technischen Fortschritt bedeutet und dass Entwicklung quantitatives Wachstum – einen Zugewinn an Geld oder Größe oder Macht – bedeuten muss. Die Regierungschefs sprachen beispielsweise darüber, ob und welcher Teil indigener Kultur schützenswert sei und was als »unterentwickelt« abgetan werden und durch ein von oben aufoktroyiertes Modell ersetzt werden könne.

Da knirscht es doch an allen Ecken und Enden. Zunächst kann Wachstum ja auch qualitativ sein – etwas wird anders statt einfach nur mehr. Und nach welchen Kriterien entscheiden wir, ob die Weiterentwicklung gut war oder in die falsche Richtung geht? Geht es nur um die Maximierung eines Bruttoinlandsprodukts, dann ist es nachvollziehbar, dass indigene Kinder die Amtssprache lernen, lesen, schreiben und rechnen lernen, einen »normalen« Job ausüben sollen und wichtige Elemente ihrer eigenen Kultur nicht in der Schule gelehrt werden. Dass Kultur für Menschen aber auch eine Grundlage der Selbstverortung in der Welt sein kann, also ein Identitätsfaktor, das fällt dann hinten unter. Eine stimmige Identität zu haben, uns selbstverwirklichen zu können, ist aber ein wesentliches menschliches Bedürfnis und deswegen auch ein wichtiger Faktor für unser Lebensglück. Warum nehmen wir uns kein Beispiel an Bhutan und ersetzen das BIP mit dem Bruttonationalglück? So könnten wir neben dem Geld auch anderen Faktoren wieder das Gewicht geben, das sie für das menschliche Wohlbefinden eigentlich haben. Aber dafür müssten wir unser Weltbild anpassen.

Mit der kolonialistischen Vorstellung des beherrschenden Menschen Hand in Hand geht ein Hang zur Technologiegläubigkeit im globalen Norden. Versteht mich nicht falsch: Technologie ist großartig, sie kann Menschenleben retten und Existenzen sichern, schafft Solarpanels und E-Bikes. Aber das blinde Vertrauen darauf, dass Technologie uns retten wird, lenkt von den greifbaren Lösungen ab und schafft potenziell neue Probleme. Nehmen wir beispielsweise Geoengineering: Das ist ein Sammelbegriff für verschiedene Maßnahmen, mit denen das Klima künstlich beeinflusst werden soll. Treibhauseffekt umgekehrt sozusagen. Klingt erstmal gut, oder?

Ich habe mal in einer interdisziplinären Forschungsgruppe mitgearbeitet, in der wir die Akzeptanz bestimmter Geoengineering-Maßnahmen untersucht haben. Da ging es zum Beispiel darum, Aerosole in Wolken zu sprühen, damit diese mehr Sonnenlicht reflektieren, das dann nicht unten auf der Erdoberfläche Erhitzung erzeugen kann, oder den Ozean zu düngen, damit mehr Algen entstehen, die dann CO_2 für ihr Wachstum aufnehmen. Alle die vorgeschlagenen Maßnahmen waren (und sind heute noch) nicht vollständig erforscht, teils extrem teuer und können ähnliche negative Effekte haben wie die Klimakrise selbst, beispielsweise das Ausbleiben des Monsunregens und damit einhergehende Ernteausfälle. Außerdem verlocken sie dazu, unbesorgt immer weiter CO_2 in die Atmosphäre zu blasen. Die psychologische Fragestellung, die wir damals untersucht haben, war, wie unser Gehirn diese Entscheidungsprozesse mit den vielen Variablen und Unsicherheitsbedingungen durchläuft. Die Drachen des begrenzten Denkvermögens lassen grüßen! Ich fand es faszinierend und gleichzeitig frustrierend, dass einige der Studienteilnehmer*innen nur danach gefragt haben, was welche Maßnahmen kosten – und überhaupt nicht nach potenziellen kurz- und langfristigen Auswirkungen auf Mensch und Erde. Die, die gefragt haben, haben übrigens fast alle am Ende gesagt, dass sie Geoengineering nicht unterstützen und den Fokus eher auf die Einsparung von Emissionen setzen würden.

Warum erzähle ich diese Geschichte? Unsere Weltanschauung legt uns bestimmte Denkschablonen nahe, an deren Rändern entlang anderes Erleben abgeschnitten wird. Das macht es uns extrem schwer, aus unserer Erzählung von immerwährendem Wirtschaftswachstum und technischen Lösungen auszubrechen. Hinter der Anforderung, dieses Denken zu verändern, versteckt sich nämlich ein Tal mit ganz viel Unsicherheit. Wenn wir nicht mehr an immerwährendes Wirtschaftswachstum als Handlungsmaxime glauben wollen, was bedeutet das dann? Dann müssten wir ja alle unsere bisherigen Entscheidungen hinterfragen, dann müssten wir uns vielleicht schuldig fühlen für Dinge, die wir damals richtig, heute aber falsch finden. Das ist hochgradig unangenehm. Und nur weil wir wissen, wovon wir wegwollen, heißt das lange noch nicht, dass wir eine Vorstellung von der Alternative haben – davon, wo wir hinwollen.

Drachenzähmen, Lektion 2

Ich gebe zu – die Ideologie-Drachen zu zähmen ist schwer. Unser gesamtes Weltbild zu hinterfragen ist nicht leicht. Dabei können uns der Austausch mit Leuten mit anderer Anschauung, der Kontakt mit anderen Kulturen und »weltbewegende« Ereignisse wie zum Beispiel die Pandemie helfen.

Wir müssen die Erfahrung machen, dass man es auch anders sehen, dass es auch anders sein könnte, damit die Ideologie-Drachen auf ihren Platz verwiesen und an die Kette gelegt werden können. Das braucht Offenheit dafür, sich auf andere Sichtweisen einzulassen, und die Möglichkeit, diese anderen Sichtweisen kennenzulernen. Wir können unser bisheriges Denken nicht *ver*lernen – wir lernen nicht durch Löschen oder durch Subtraktion, wir lernen durch Addition: Es kommen neue Erfahrungen dazu, die unseren Horizont erweitern können. Deswegen ist es wichtig, dass in Modellprojekten und anderen Lebenskontexten Alternativen spürbar, erlebbar und damit auch denkbar werden.

Drachengattung 3: Vergleiche mit anderen Menschen

Diese Drachengang ist ziemlich dicke mit dem *Bystander-Effekt*-Drachen. Sie machen sich zunutze, dass wir Menschen gesellig sind und soziale Normen und das Verhalten anderer Menschen einen starken Einfluss auf uns haben. Wenn die *soziale-Vergleiche*-Drachen auftauchen, dann kriegen wir Angst, als »der komische Ökospinner« von anderen ausgelacht zu werden oder »die einzige Dumme« zu sein, die was ändert.

Teilweise sind soziale Normen als Gesetze niedergeschrieben – man denke an die Straßenverkehrsordnung –, teilweise erschließen wir sie aber auch einfach aus dem Verhalten anderer Leute. Wir gucken uns also mehr oder weniger bewusst ab, was so üblich ist. Ein Trampelpfad über eine Rasenfläche zum Beispiel legt uns ein Stück weit nahe, dass es ok ist, da über den Rasen zu laufen, weil das schon ganz viele andere vor uns gemacht haben.

Viele Dinge, die uns völlig normal erscheinen, sind eigentlich ziemlich seltsam. Würde man die sozialen Normen, die dahinterstehen, nicht kennen, würden wir vermutlich wie ferngesteuerte Zombies wirken. Wir haben von klein auf gelernt, dass wir rechts und links gucken und aufpassen müssen, dass uns nichts überfährt. Wir laufen von klein auf durch Städte, in denen viel Platz von meist leeren Kisten aus Metall eingenommen wird und Kinder nur auf Plätzen spielen, die von Zäunen geschützt sind. Es ist normal für uns, mit menschenunmöglicher Geschwindigkeit in Stahlgefährten verschiedenster Art durch die Landschaft bewegt zu werden – ob das jetzt ein Auto, ein Zug oder ein Flugzeug ist. Es ist normal für uns, dass wir Waren gegen bedrucktes Papier tauschen, dass wir fertig zugeschnittene Fleischstücke aus weit entfernten Ländern herfliegen, dass wir Kleidung tragen, die uns unbekannte Menschen hergestellt haben und dass Strom einfach aus der Steckdose kommt. Das kann man uns jetzt vorwerfen, aber das bringt uns auch nicht weiter.

Wenn man diese Infrastruktur und diese Art der Gesellschaftsorganisation hinterfragen will, braucht es viel Abstraktion. Man müsste aus der Vogelperspektive auf unsere Gesellschaft schauen und sich überlegen, warum etwas sinnvoll ist und was dagegensprechen könnte. Es erfordert also einen gewissen Aufwand. Und wie wir schon wissen – unser Gehirn ist gerne energiesparend unterwegs. Wenn man sich also tatsächlich die Mühe macht, all das zu hinterfragen, und dann auch noch entgegen der sozialen Norm entscheidet, Dinge anders zu machen, dann hat das einige Nachteile. Erstens ist das Leben in unserer Gesellschaft darauf ausgerichtet, dass man Dinge so tut, wie sie eben laufen, und es bedeutet schon rein organisatorisch einiges an Unbequemlichkeit, sich dagegen zu stellen. Zweitens führt es aber auch dazu, dass andere Leute, die uns beobachten, irritiert sind, weil wir Dinge anders machen.

Ein Stück weit machen wir uns mit einem klimaschonenden Leben also zu Außenseiter*innen und das fühlt sich blöd an. Es ist nämlich nicht nur so, dass Normen unser Verhalten beeinflussen, wir bilden auch Teile unserer Identität in Abgrenzung und im Vergleich zu anderen: Ich bin genauso gut in Mathe wie

XY oder höre vielleicht gerne klassische Musik und schreibe mir deswegen andere Eigenschaften zu als jemandem, der gerne auf Goa-Partys geht. Das nennt man *Ingroup-* und *Outgroup-Vergleiche.* Wenn wir andere Menschen – auf Basis welcher Eigenschaft auch immer – als unsere *Outgroup* verstehen, also anders als »wir«, kann das aber weitreichende Konsequenzen haben. Wir sehen sie deutlich weniger differenziert, trauen ihnen weniger komplexe Gedanken und Gefühle zu, haben weniger Mitgefühl mit ihnen und grenzen sie auch eher aus. Das kann in Klimadebatten zum Beispiel dazu führen, dass wir dem Gegenüber gar nicht mehr richtig zuhören (wollen) und ihnen gute Argumente absprechen, einfach weil sie für uns »offensichtlich« anders sind als wir. Umgekehrt ist es auch so, dass wir Menschen, die sich entgegen weitverbreiteter Normen verhalten, weniger ernst nehmen, sie vielleicht als »Ökospinner*innen« verunglimpfen oder Ähnliches. Da überlegt man es sich echt genau, ob man sich so viel Gegenwind antun will.

Wichtig ist Menschen auch, dass im Vergleich mit anderen Menschen Dinge fair ablaufen. Wir wollen nicht der oder die Dumme sein, die sich einschränkt, während andere einfach weitermachen wie vorher. Das lässt sich bis zur globalen Ebene hochskalieren, auf der Länder miteinander verhandeln, wer sich wie viel basierend auf welcher Art der Verantwortungszuschreibung einzuschränken hat. Länder des globalen Nordens sagen, sie hätten es schwerer, sich zu verändern, weil sie ja schon viel tiefer in der Abhängigkeit von fossilen Strukturen stecken; Länder des globalen Südens bestehen darauf, dass sie noch fossile Entwicklung nachholen dürfen, weil sie mit ihrer Industrialisierung einfach später dran sind als der globale Norden – und deswegen der globale Norden schneller machen muss, um ihnen einen Puffer zu ermöglichen. Die deutsche Industrie wiederum fordert international einheitliche Regeln, damit sie keinen Wettbewerbsnachteil gegenüber der Industrie in anderen Ländern hat. Es geht uns also auf vielen Ebenen darum, dass Gerechtigkeit herrscht, und wir wollen nicht der Erste sein, der sich bewegt und dann verliert – praktisch Beamten-Mikado auf der globalen Ebene.

Drachenzähmen, Lektion 3

Soziale Normen können aber auch nachhaltiges Handeln fördern. Nachhaltigkeit ist einer der Leitwerte in vielen gesellschaftlichen Milieus geworden, praktisch Mainstream.[17] Häufig unterscheiden sich verschiedene Perspektiven nur noch in der Antwort auf die Frage, wie Nachhaltigkeit umgesetzt werden soll – und nicht mehr dahingehend, ob Nachhaltigkeit überhaupt wichtig ist. Dass Nachhaltigkeit auf diese Weise langsam in die sozialen Normen aufgenommen wird, kann ein enormer Schritt für den Wandel sein.

Das lässt sich auch aktiv nutzen: In einem Experiment haben Forscher*innen zum Beispiel mal versucht, Stromsparen zu fördern. Ihre Erkenntnisse: Wenn man Leuten in einem Brief mitteilt, dass sie im Vergleich zu ihren Nachbarn überdurchschnittlich viel Strom verbrauchen, dann sparen sie mehr Strom ein, als wenn man ihnen vorrechnet, wie viel Geld sie sparen könnten. Es gibt also auch im positiven Sinne ansteckende soziale Normen. Und für die kann man Trendsetter*in sein, indem man die sozialen Normen im Freundeskreis oder in der Familie hinterfragt, Alternativen vorschlägt oder auf Social Media zeigt, wie man Sachen anders macht und so die Nachhaltigkeitsnorm sichtbar und wirksam macht. So reitet man praktisch auf den *soziale-Vergleiche*-Drachen in den Sonnenuntergang.

Drachengattung 4: Unumkehrbare Kosten

»Wenn wir schon etwas investiert haben, dann muss es sich wenigstens gelohnt haben.« Das ist ein wichtiger Grundsatz für uns Menschen – der es uns aber zum Beispiel auch erschwert, klimaschädliche Routinen wieder zu verändern. Das reicht von der gesellschaftlichen Ebene mit Investitionszyklen für Infrastruktur (der Bau des Kohlekraftwerks muss sich ja gelohnt haben, deswegen muss es jetzt noch X Jahre laufen, auch wenn das das Klima zerstört) bis hin zu Kaufentscheidungen auf der individuellen Ebene (ich habe das Auto nun mal gekauft, also benutze ich es jetzt auch). Wir versenken nicht gerne Geld.

So ähnlich lässt sich das auch auf Zeit und Lebensenergie übertragen: Es würde viel Zeit und auch Energie kosten, zum Beispiel die Basics einer pflanzenbasierten Ernährung zu recherchieren, die entsprechenden Produkte auszuprobieren, anders kochen zu lernen. Und man hat schließlich schon so viel Zeit investiert, um die ganzen Lieblingsrezepte mit tierischen Produkten zu finden und zu perfektionieren (finde ich je wieder so eine Lasagne?). Deswegen fangen wir mit solchen Umstellungen häufig gar nicht erst an, obwohl sie uns rein faktisch vielleicht zusagen würden. In das Routineprogramm hat man einfach schon zu viel investiert.

Drachenzähmen, Lektion 4

Nach meiner Erfahrung fällt es Menschen leichter, aus ihrer Routine auszubrechen, wenn sie sowieso gerade vor einer großen Entscheidung und Veränderung in ihrem Leben stehen. In diesen Situationen verschwinden die Drachen der unumkehrbaren Kosten oft kurz oder man kann sich an ihnen vorbeimogeln. Wenn man umzieht, muss man eh in einem anderen Supermarkt einkaufen und sich neu orientieren. Da fällt es dann auch leichter, beispielsweise fleischfreie Produkte auszuprobieren. Wenn man ein Haus neu baut, dann ist es recht leicht, gleich entsprechende Entscheidungen für eine Solaranlage auf dem Dach oder eine Wärmepumpe zu treffen. Und wenn das nächste Mal ein Vertrag ausläuft – für das Handy oder das Leasing-Auto – kann man den Moment für die Frage nutzen, ob es so weitergehen soll oder es vielleicht eine bessere Alternative gibt.

Man kann solche Zäsuren auch zu einem gewissen Grad selbst konstruieren – das beste Beispiel dafür sind Neujahrsvorsätze. Die sind aber leider auch das beste Beispiel dafür, wie wenig so eine selbstkonstruierte Zäsur hilft, wenn die Drachen es sich wieder gemütlich machen im Kopf. Hier können externe Helferlein nützlich sein: Eine noch funktionierende fossile Heizung auszutauschen, ist beispielweise eine größere Überwindung, man hat schließlich mal viel Geld dafür ausgegeben und die Recherche und Organisation einer neuen Heizung sind aufwendig – deswegen hilft es, wenn es Anreize von außen gibt, zum Beispiel durch Förderungen von der Politik, durch die sich die Rechnung der »versenkten« Kosten verändert.

Drachengattung 5: Diskreditierung

Die Drachen dieser Gattung sind echte Unfriedenstifter – sind sie da, wird es garstig.

Um sie zu verstehen, muss ich einen Begriff aus der Psychologie erklären: *die kognitive Dissonanzreduktion.* Wenn wir mit wissenschaftlichen Fakten zur Klimakrise konfrontiert werden und sie ernst nehmen, dann ist das unangenehm, denn dann müssen wir unseren Lebensstil verändern. Und darin liegt die Krux. Das ist anstrengend und wie wir wissen, mag unser Gehirn Anstrengung gar nicht. Deswegen hat es einen anderen Ausweg aus dieser Situation entworfen, die sogenannte *kognitive Dissonanzreduktion.*

Kognitive Dissonanz ist das ungute Gefühl, das man erlebt, wenn man merkt, dass die eigenen Einstellungen dem eigenen Verhalten widersprechen (eigentlich ist es kein Gefühl, sondern ein Gedanke, deswegen heißt es »kognitiv«, aber weil man es umgangssprachlich so sagt, bin ich mal nicht so kleinlich). Ich weiß zum Beispiel, dass regelmäßiger Sport gut für meine Gesundheit ist, und würde gerne zweimal die Woche joggen gehen. Aber der Tag war lang und außerdem regnet es ... Wenn ich dann aber gemütlich auf der Couch sitze und auf Netflix jemanden joggen sehe, kann ich das auch nicht zu 100 Prozent genießen – da ist sie, die Dissonanz. Sie ist praktisch die ärgste Feindin des inneren Schweinehunds, die uns immer wieder daran erinnert, dass das so eigentlich nicht geplant war.

Zum Glück hat der innere Schweinehund sich eine Taktik zurechtgelegt: die *kognitive Dissonanzreduktion*. Um die Lücke zwischen dem, was wir für richtig halten, und dem, was wir tun, zu verkleinern (aka »zu reduzieren«), gibt es eigentlich nur zwei Wege: Eine Seite muss der anderen entgegenkommen. Wir können also entweder unser Verhalten ändern oder wir passen unsere Einstellung an. Letzteres ist leider oft leichter. Joggen? Das ist eh schlecht für die Rückenwirbel, sagt ein Experte im Internet …

Die Klimakrise mag etwas komplizierter sein als Joggen, aber *kognitive Dissonanzreduktion* funktioniert hier recht ähnlich. Wie beim Joggen haben wir uns richtig viele »gute« Argumente zurechtgelegt, warum konsequenter Klimaschutz bei uns erstmal nicht angesagt ist. Diese gesammelten Klimaausreden teilen wir nicht nur mit dem eigenen Schweinehund, sondern wir diskutieren sie fröhlich auf gesamtgesellschaftlicher Ebene und bremsen damit jede Bewegung aus – deshalb nennt man sie auch Verzögerungsdiskurse.[18] Grob kann man diese vorgeschobenen Ausreden in vier Oberkategorien einteilen: Kapitulation vor dem Klimawandel, Betonung der Nachteile der Transformation, Weitergeben der Verantwortung und Verweisen auf Scheinlösungen. Klingt abstrakt? Ich bin mir sicher, dass euch diese Argumente schon begegnet sind.

Vor dem Klimawandel zu kapitulieren bedeutet in etwa, dass man mit Weltuntergangsstimmung betont, dass es ja eh schon zu spät ist, etwas zu tun, und wir uns deswegen einfach nur noch auf das Schlimmste vorbereiten sollten, anstatt zu versuchen, das fossile System noch umzustellen. Ein Freund von mir machte immer einen Witz, der mich daran erinnert: »Kind, iss Thunfisch. Wenn du groß bist, gibt's keinen mehr.«

Die Nachteile der Transformation zu betonen ist in der Politik sehr beliebt. Es wird häufig angemahnt, dass die Umstellung unserer Wirtschaftsweise ja Arbeitsplätze kosten könne. Das stimmt. Über die vielen Arbeitsplätze, die an anderer Stelle entstehen, wird dann oft nicht gesprochen – ganz zu schweigen von den vielen Vorteilen, die eine Transformation sonst noch mit sich bringt. Ein gesünderes Leben in einer gesünderen Umwelt zum Beispiel. Ich will gar nicht sagen, dass diejenigen, die die Nachteile betonen, kein Auge für die Vorteile hätten. Sie sparen sie einfach aus, um gesellschaftliche Entwicklungen und politische Entscheidungen auszubremsen und in eine gewisse Richtung zu beeinflussen. Und es ist eine wunderbare Möglichkeit, sich selbst zu erklären, warum man trotz der vielen wissenschaftlich eindeutigen Gründe fürs Handeln nicht ins Handeln kommt. Hallo, *kognitive Dissonanzreduktion*, wie schön dich hier zu sehen!

Verantwortung weitergeben tun wir alle sehr gern. Der Anteil eines einzelnen Menschen – und auch eines einzelnen Landes – reicht nicht aus, um die Klimakrise auszulösen (auch wenn einige Länder mit ihren historischen Emissionen da sehr nah rankommen, unter anderem Deutschland),[19] und er reicht genauso wenig, um die Klimakrise aufzuhalten. Deswegen zeigen wir sehr gerne mit dem Finger auf andere, bevor wir uns an die eigene Nase fassen. Sollen doch erstmal die da oben (wahlweise die Reichen, die Politik, die Wirtschaftsbosse) beziehungsweise die da unten (die Konsum-Menschen), die im globalen Süden (weil sie so viele sind), die Chinesen oder die Amerikaner (weil sie so viele Emissionen verursachen) was ändern. Hauptsache ich beziehungsweise wir sind nicht dran. Klingt ein bisschen wie Kindergarten, oder?

Auch Scheinlösungen sind in der Politik und Wirtschaft sehr beliebt – der Technologieglaube lässt grüßen. Häufig wird auf Technologie verwiesen, die aktuell noch in der Entwicklung steckt. Das kommt mir aus der Endlagerdiskussion für Atommüll bekannt vor: »Wir werden schon eine Lösung finden, oder vielleicht auch unsere schlauen Enkel.« Vielleicht hat hier auch der *Optimism-Bias*-Drache seine Klauen mit im Spiel. Wird schon gut gehen. Ich finde aber ehrlich gesagt, dass für »wird schon gut gehen« zu viel auf dem Spiel steht. Es gibt eben noch keine elektrischen Flugzeuge, die für den Massentourismus marktreif sind. Wir sollten uns auch nicht darauf verlassen, dass es sie bald geben wird und deswegen andere Maßnahmen aufschieben, die wir jetzt schon ergreifen können. Versteht mich nicht falsch – ich hätte nichts, wirklich gar nichts, gegen emissionsfreie Flugzeuge und würde liebend gerne mit ihnen klimaschonend in den nächsten Urlaub düsen. Aber es gibt sie halt nicht. Auch die Debatten um Brückentechnologien kann man in diese Kategorie packen. Jetzt noch Geld in fossile zu investieren statt in die Entwicklung nachhaltiger Alternativen erlaubt nur dem fossilen System, noch länger Geld mit der Zerstörung unserer Lebensgrundlagen zu verdienen. Nicht ohne Grund gab es massiven Widerstand gegen die Entscheidung der EU-Kommission, Gas für eine Übergangszeit als »nachhaltig« einzustufen. Das Geld, das Investoren hier reinstecken, fehlt an anderer Stelle für die langfristig sinnvollen Lösungen.

Eine noch effektivere Art der *kognitiven Dissonanzreduktion* in Bezug auf das Klima ist es, den Klimawissenschaftler*innen einfach sein Vertrauen zu entziehen. Wenn ich den wissenschaftlich erwiesenen Tatsachen nicht mehr glaube, dann muss ich auch nicht danach handeln. Ich verleugne einfach die wissenschaftliche Evidenz. Zack, *kognitive Dissonanz* verschwunden und das ungute Gefühl auch.

Mit schwindendem Vertrauen in öffentliche Institutionen, Wissenschaft und Politik kann leider auch ein Hang zu Verschwörungsmentalität einhergehen. Dann schätzen Menschen wissenschaftliche oder politische Institutionen, Politiker*innen und Wissenschaftler*innen oder andere als »mächtig« wahrgenommene Gruppen als Bedrohung ein. Sie versuchen, ein Gefühl von Kontrolle auf der gesellschaftlichen Ebene dadurch zurückzugewinnen, dass sie Erzählungen darüber Glauben schenken, dass irgendwelche dunklen Mächte der Bevölkerung Schaden zufügen möchten (oder zumindest ihrer Gruppe in der Bevölkerung). Durch diese Gegenerzählung können sie sich »wissend« fühlen und über die »Schlafschafe« erhaben, die sich wegen der Aussagen der Wissenschaft einschränken und politische Maßnahmen einleiten. Sie fühlen sich gut, weil sie denken, sie hätten etwas verstanden, was andere nicht verstanden haben.

Jetzt könnte man argumentieren, dass das an sich ja erstmal nicht gefährlich ist – soll doch jede und jeder denken, was er oder sie will. Das stimmt – aber wenn ich mich von der Regierung oder einzelnen Wissenschaftler*innen in meinem Leben bedroht fühle, weil die sich gegen mich verschworen haben, dann macht mir das natürlich Angst und dann werde ich mich verteidigen wollen. In der Coronapandemie haben wir erlebt, wozu das führen kann. Einzelne Verschwörungsgläubige können sich radikalisieren und dann tappen wir in die Falle des *begrenzten Denkvermögens*. Sie machen sich die Welt, wie sie ihnen gefällt; es ist schwer, mit Fakten und anderen Informationen zu diesen Menschen durchzudringen. Mit immer mehr Verschwörungsdenken werden alternative Erklärungen gefunden und Fakten verdreht.

Es wird zunehmend schwerer, mit solchen Menschen zu sprechen. Unterhaltungen werden anstrengend und dann wird es emotional. Dadurch brechen diejenigen den Kontakt zu Menschen mit Verschwörungsmentalität ab, die nicht an die Verschwörungserzählungen glauben. Dann bewegen diese sich nur noch in Kreisen, die ihre Meinung bestätigen. Ein Ausstieg wird so extrem schwer – nicht nur, weil dann keine anderen Informationen mehr an sie herangetragen werden, sondern auch, weil es ja schon so viel Energie und bei abgebrochenen Beziehungen auch Schmerz gekostet hat, sich in diesem Glauben einzurichten. Grüße vom *Sunk-Cost*-Drachen: Der Einsatz muss sich doch gelohnt haben, also bleiben sie dabei – eine *kognitive Dissonanzreduktion*.

Erodierendes Vertrauen ist ein riesiges Problem in unserer Gesellschaft. Der Wissenschaft und Gesundheitsberufen bringen die meisten zum Glück noch recht viel Vertrauen entgegen, aber um das Vertrauen in Politiker*innen ist es schlecht bestellt. Am meisten vertrauen wir eigentlich »Menschen wie du und ich« – also unseren Kolleg*innen und Freund*innen. Das macht die Verbreitung von Verschwörungserzählungen leichter, weil sie in Messengern verbreitet werden, die wie eine gemeinsame Unterhaltung unter Freund*innen wirken. Da kommen öffentliche Statements einfach nicht dagegen an. Und es geht dabei auch kaum um Fakten, sondern um Gefühle: das Bedürfnis nach Kontrolle und Anerkennung in einer komplexen Welt, die als feindselig erlebt wird. Wie gesagt – unser Gehirn hätte es gerne schwarz-weiß, »Gut« gegen »Böse«. Und wir wären gerne die Guten.

Die Politik oder die Nachrichten zu hinterfragen ist ja erstmal überhaupt nicht falsch. Es ist sogar Teil des wissenschaftlichen Prozesses, dass wissenschaftliche Erkenntnisse hinterfragt werden. Es ist Teil des wissenschaftlichen Prozesses, dass Hypothesen gebildet und verworfen werden, dass Ergebnisse in weiteren Studien überprüft und in Meta-Studien verglichen werden, bevor man etwas zum »Fakt« erklärt. Wenn sich Wissenschaftler*innen scheinbar schwammig ausdrücken, dann weil sie diesen Prozess ernst nehmen. Wenn Wissenschaftler*innen scheinbar ihre Meinung ändern, dann weil sie neue Erkenntnisse gewonnen haben, weil sie bessere Erklärungen gefunden haben. Das ist ein Qualitätsmerkmal.

Das Hinterfragen von Aussagen, Meinungen und Maßnahmen sollte sich aber innerhalb bestimmter Rahmen bewegen. Physikalische Gesetze zum Beispiel sind einfach keine Verhandlungssache. Für mich ist in unserer Demokratie auch die Gültigkeit unseres Grundgesetzes keine Verhandlungssache. Es hilft, sich beim Hinterfragen der eigenen Wahrnehmung der Realität auch immer nach den kognitiven Verzerrungen, den Drachen im Kopf, Ausschau zu halten und die Haltung der Neugier und Offenheit für andere Sichtweisen zu behalten: Wenn es zu verbissen, zu dogmatisch wird, dann macht mich das immer hellhörig.

Ich wünschte, dass sich die Politik mehr am wissenschaftlichen Prozess des Erkenntnisgewinns orientieren würde. Dass auch Politiker*innen öfter zugeben, wenn sie sich mit etwas nicht ganz sicher sind; wenn sie nicht nur Botschaften verlauten lassen, sondern auch mal nachfragen. Ich habe schon häufiger Gespräche mit Abgeordneten geführt und die Erfahrung gemacht, dass sie sehr dankbar sind, wenn man ihnen sagt, wo die Probleme liegen und welche Lösungen man sich als Betroffene*r wünscht. Sie versuchen ernsthaft, gute Lösungen zu finden, aber wenn wir nicht mit ihnen sprechen, dann können sie nicht wissen, was wir von ihnen brauchen. Und damit meine ich nicht, hinterher zu meckern (auch das kann wichtig sein), sondern eher, vorher etwas zu sagen. Mit mehr Offenheit und einer besseren Zusammenarbeit zwischen Politik und Bevölkerung würde auch das Vertrauen wieder gestärkt, da bin ich mir sicher.

Neben der *kognitiven Dissonanz* treibt unser Gehirn zudem um, dass die Klimakrise uns daran erinnert, dass wir alle irgendwann sterben müssen, vielleicht sogar früher als gedacht. Die Psychologie beschäftigt sich mit unserem Umgang mit der Sterblichkeit in der sogenannten *Terror-Management-Theory.* Das hat nichts mit Terroranschlägen zu tun – das englische Wort *terror* bezeichnet hier Todesangst. Die Forschung der *Terror-Management-Theorie* hat gezeigt, dass Menschen ganz unterschiedlich mit der Erkenntnis umgehen, dass sie sterblich sind. Eine Möglichkeit ist, dass sie daran arbeiten, sich sozusagen »unsterblich« zu machen, indem sie ein Vermächtnis hinterlassen. Das kann zum Beispiel das Streben nach Berühmtheit sein.

Eine andere Möglichkeit – etwas einfacher umzusetzen – ist, sich auf die Zugehörigkeit zu einer Gruppe zu besinnen, die ja über den einzelnen Menschen hinaus weiterbesteht, also zum

Beispiel die Gruppenzugehörigkeit als Fußballfan (wenn der Club gewinnt, hat man etwas von seinem Ruhm) oder als Bürger*in eines bestimmten Landes. Die angestrebte Zugehörigkeit zu einer solchen *Ingroup* führt aber auch dazu, dass man sich von der *Outgroup*, also denen, die »nicht dazugehören«, stärker abgrenzt, sie vielleicht sogar diskriminiert. Gerade in Zeiten großer Unsicherheit und einer gefühlten Bedrohung, die uns daran erinnert, dass wir verletzlich und sterblich sind – wie zum Beispiel der Klimakrise – kann das zu vermehrter Besinnung auf Nationalität und Diskriminierung von Menschen anderer Herkunft, also einem Rechtsruck in der Gesellschaft führen. Das hilft weder gegen die Klimakrise noch gegen unsere eigene Sterblichkeit, kommt dem Gehirn aber wie eine passable Zwischenlösung vor. Ist es leider nicht.

Reaktanz ist ein weiterer Drache der Gattung »Diskreditierung«, der sich einem sinnvollen Handeln in den Weg stellt. *Reaktanz* lässt sich grob mit Trotz übersetzen. Der Begriff beschreibt in der Psychologie die Gegenwehr, die entsteht, wenn man sich in seiner Entscheidungsfreiheit und der Freiheit, zu leben wie man will, eingeschränkt fühlt. Wenn also Politiker*innen – denen viele ja sowieso schon nicht vertrauen – Maßnahmen verabschieden, die uns in unserer Freiheit einschränken, so zu leben, wie wir das für richtig halten, dann wird es heikel. Dann bekommen wir es mit der *Reaktanz* zu tun und das Gehirn schaltet auf den Modus »vierjähriges Kind in der Trotzphase«. Entgegen jeder vernünftigen Argumentation und sogar, wenn wir vorher selbst noch der Meinung waren, dass etwas eine gute Maßnahme wäre – die Gefühle gehen mit uns durch, wir wollen »jetzt erst recht« oder »jetzt erst recht nicht«.

Drachenzähmen, Lektion 5

Es ist wichtig, dass Politiker*innen sich Gedanken machen, welche Art von Maßnahmen und (ganz wichtig) welche Kommunikation dieser Maßnahmen am besten bei Menschen ankommt.

Traurige Wahrheit: Reine Informationskampagnen scheitern. Das ist ein Fehler, den die Umweltbewegung seit den 80er-Jahren macht. Nur zu wissen, was schiefläuft, reicht nicht. Wir müssen schon auch erfahren, wie es besser geht, die Möglichkeit bekommen, es besser zu machen, und glauben, dass es auch wirklich einen Effekt hat, wenn wir etwas anders machen. Und da scheitert es beim Klima leider häufig.

Was können wir als einzelne Person schon wirklich ausrichten? Was bringt es wirklich, wenn ich auf diese Flugreise verzichte? Wenn Flugzeuge, so wie in der Coronapandemie, sogar leer starten, weil die Start- und Landerechte sonst wegfallen, dann bringt es gefühlt rein gar nichts, wenn wir Bahn fahren (abgesehen davon, dass die Bahn dabei Geld verdient und ihre Kapazitäten mit diesem Geld ausbauen kann). Es braucht also gesellschaftliche Strukturen und Kontexte, Infrastruktur und Maßnahmen, die es uns ermöglichen, eine klimaschonende Wahl zu treffen. Und diese Angebote müssen dann so an uns herangetragen werden, dass wir sie nicht als unpassend erleben oder *reaktant* ablehnen. Dafür kann es sich die Politik wiederum zunutze machen, dass wir uns gerne mit anderen vergleichen (siehe Drachengattung 3) und möglichst wenig Aufwand betreiben wollen. Viel mehr Menschen würden Ökostrom beziehen, wenn der Stromvertrag mit den Stadtwerken standardmäßig ein Ökostromtarif wäre. Sich aktiv umzuentscheiden, braucht einfach Energie und Zeit. Klimaschutz sollte der *default* sein, die Standardeinstellung – und um *Reaktanz* zu verhindern, ist es nett, wenn es eine *Opt-Out-Option* gibt, mit der man sich jederzeit anders entscheiden kann.

An Beispielen wie dem Rauchverbot oder der Gurtpflicht zeigt sich auch, dass der *Reaktanz*-Drache nicht ewig Feuer spuckt. Irgendwann beruhigen sich die Gemüter und die Menschen sehen auch die Vorteile der Maßnahmen. Hier könnte die Politik ruhig manchmal mutiger sein, Dinge einfach zu machen, auch wenn das Geschrei erstmal groß ist. Im Nachhinein finden die Leute es dann doch gut. Hier kommt uns ein positiver Einfluss der sozialen Normen zugute – manchmal können die Drachen uns eben auch ein Stück weit in die richtige Richtung tragen und wir kommen schneller ans Ziel.

Was Verzögerungsdiskurse und *kognitive Dissonanzreduktion* angeht, hilft es schon, wenn wir die Argumentationsmuster kennen und bei uns selbst und in den gesellschaftlichen Debatten erkennen können. Dann kann man aktiv drauf achten und hinweisen, dass diese Argumente – die ja oft auch einen wahren und wichtigen Kern haben (beispielsweise soziale Fragen, die bei der Transformation nicht vergessen werden dürfen) – nicht genutzt werden dürfen, um Klimaschutz zu verzögern, sondern nur, um ihn zu begleiten und besser zu machen.

Um das Vertrauen in die Wissenschaft und ihre Ergebnisse zu stärken, ist Bildung wichtig. Wenn man versteht, wie der wissenschaftliche Erkenntnisprozess funktioniert, dann findet man es nicht mehr so befremdlich, wenn neue Erkenntnisse alte Theorien überholen. Wenn man versteht, wie man Studien liest und einzuordnen hat, dann kann man selbst nachlesen. Bei jemandem, der tief im Verschwörungsdenken steckt, wird das aber leider nicht mehr helfen. Wenn man den Anschluss zu jemandem verloren hat, der sich in Verschwörungsdenken hineinmanövriert hat, dann kann man sich zum Beispiel an die Beratungsstelle »Veritas« wenden.[20]

Was uns in der Klimakrise weiterhelfen würde, um nicht durch unserer *Terror Management* zur Ab- und Ausgrenzung zu neigen, wäre, wenn wir uns auf unsere Identität als Menschen und als Lebewesen auf diesem Planeten besinnen. Die echte *outgroup* bilden nämlich nicht Menschen aus anderen Ländern, erst recht nicht die Menschen im globalen Süden, die am meisten unter der Klimakrise leiden. Wir müssen die Bewältigung der Klimakrise als Menschheitsaufgabe begreifen, in der wir uns gegenseitig unterstützen. Wir schaffen es nur gemeinsam.

Drachengattung 6: Wahrgenommene Hürden

Gifford nennt die sechste Drachengattung *Perceived Risks*, aber das finde ich etwas irreführend, denn eigentlich geht es gar nicht um Risiken, sondern um Hürden. Haben wir das ganze Wissen zum Klima nämlich endlich zugelassen und sind uns mit unserem Gehirn einig, dass wir handeln müssen, dann kommen von außen noch einige Hindernisse hinzu, die uns im Alltag wieder ausbremsen können und dafür sorgen, dass wir uns wieder umentscheiden.

Das können zum Beispiel funktionelle Hürden sein: Wenn ich auf dem Land lebe und es entlang der Landstraße keinen Fahrradweg gibt, dann werde ich mit meinen kleinen Kindern sicher nicht mit dem Rad zum Kindergarten fahren. Auch der Umstieg auf ein Elektroauto ist schwer, wenn das Auto um ein Vielfaches teurer ist, es keine ausreichende Ladeinfrastruktur gibt oder verschiedene Ladekabeltypen und Abrechnungssysteme die Nutzung erschweren. Funktionale Hürden machen Verhaltensänderung einfach unwahrscheinlicher. Dieser Drache ist ein Handlanger des Drachen der *kognitiven Dissonanzreduktion* – er liefert tolle Argumente, weswegen man das eigene Verhalten eigentlich gar nicht ändern kann, sondern doch lieber auf halber Strecke aufgibt und die eigene Einstellung der Situation anpasst.

Wo wir schon beim teuren Elektroauto sind – es gibt natürlich auch finanzielle Hürden. Eine Solaranlage auf dem Dach, ein neues Heizungssystem, ein Elektroauto – alles das sind teure Anschaffungen, die sich zwar langfristig lohnen, aber eben erst langfristig. Da ist es einfacher und billiger, bei dem zu bleiben, was da ist.

Genauso ist es mit zeitlichen Hürden. Vielleicht habe ich ja das Glück, dass es bei mir in der Stadt einen Unverpacktladen gibt und ein gutes ÖPNV-Netz. Wenn ich dann aber eine halbe Stunde Umweg fahren muss, weil ich nicht auf einem meiner alltäglichen Wege am Unverpacktladen vorbeikomme, den Supermarkt aber direkt um die Ecke habe, dann ist die Alternative zeitlich einfach nicht so praktikabel. Auch wenn die Bahnfahrt zum Arbeitsplatz doppelt so lange dauert wie eine Autofahrt, überlegt man es sich sicher zweimal, ob man das Auto wirklich abschafft.

Eine weitere Hürde kann auch sein, dass wir uns an sozialen Normen orientieren – für einen Großteil unserer Bevölkerung ist Nachhaltigkeit aber ein wichtiger Wert.[21] Das Einzige, worüber wir uns noch uneins sind, ist die Frage, wie Nachhaltigkeit am besten umgesetzt wird – aber nicht mehr, ob das überhaupt das Ziel sein sollte.

Drachenzähmen, Lektion 6

Man könnte jetzt schimpfen, dass die Leute einfach zu faul sind und keine Prinzipien haben, dass ihnen der Schutz des Planeten nicht wichtig genug ist. Aber so sind wir Menschen eben. Wir sind Gewohnheitstiere und versuchen – evolutionär begründbar –, alles möglichst wenig aufwendig über die Bühne zu kriegen. Deswegen müssen wir unsere Strukturen so umstricken, dass die umweltfreundlichen Alternativen leichter verfügbar sind und nicht nur die Harten in den Garten kommen. Wie das gehen kann, schaue ich mir im letzten Kapitel dieses Buchs ganz ausführlich an.

Drachengattung 7: begrenztes Handeln

Ihr habt vermutlich inzwischen die Nase voll von all den Drachen, oder? Keine Sorge, gleich haben wir es geschafft.

Die letzte Drachengattung finde ich nochmal besonders perfide, wenn ich das mal so sagen darf. Wenn wir es nämlich nach all den vorherigen Drachen endlich geschafft haben, die Klimafakten an uns heranzulassen, die diversen Hürden zu überwinden und ins Handeln zu kommen, dann kann es sein, dass diese Spaßgesellen uns nochmal einholen. Ich stelle sie mir vor wie Drachen aus dem antiken Rom, die uns dazu verleiten wollen, es uns bequem zu machen, auf einer Liege zu liegen und Trauben zu essen.

Die *Begrenztes Handeln*-Drachen locken uns in die Falle für Alibiverhalten, *Tokenism*. Der sogenannte *Single Action Bias* greift hier. Wenn ich Menschen frage, was sie für die Umwelt tun, dann sagen sie häufig ganz stolz, dass sie den Müll trennen. Das ist ein wichtiger Beitrag, das will ich gar nicht in Abrede stellen. Was danach mit dem Müll passiert und ob er wirklich recycelt wird oder nicht, liegt zwar nicht in unserer Macht, aber immerhin haben wir dann unseren Beitrag dazu geleistet, dass es theoretisch möglich wäre.

Die Drachen der Untätigkeit haken aber genau da ein. Sie flüstern uns nach dem Mülltrennen ein, dass wir nicht nur etwas gut gemacht hätten, sondern wirklich genug. Umweltschutz erledigt, ab auf die Couch. Ich will hier jetzt niemandem zu nahe treten, aber den Müll zu trennen wird unsere Welt nicht retten. Es reicht nicht, nur eine Sache zu tun, um den Planeten in die planetaren Grenzen zurückzubefördern. Dafür ist das Problem zu komplex. Eigentlich ist uns das rational ja auch klar. Aber die Komplexität des Problems anzuerkennen macht ohnmächtig, und viele verschiedene Dinge zu tun, um die Welt zu retten, ist sehr anstrengend. Da wirkt der *Single Action Bias* wie eine Glückspille. Wir haben etwas getan und kriegen die Absolution. Hach, schön!

Mindestens genauso fies sind *Rebound-Effekte*. Studien haben in verschiedensten Kontexten gezeigt, dass Effizienzsteigerungen, zum Beispiel durch verbesserte Technik, zu einem gewissen Teil wieder dadurch ausgeglichen werden, dass die Benutzer*innen dann großzügiger mit sich selbst sind.[22] Vielleicht hat man sich trotz der vielen Hürden ein Elektroauto angeschafft. Dafür erlaubt man sich dann aber wieder den Luxus, die 500 Meter zum Bäcker mit dem Auto zu fahren. So ist es in anderen Bereichen auch: Wenn ein neues Gerät weniger Strom verbraucht, dann lasse ich es vielleicht länger laufen – ist ja nicht so teuer, wie es sonst gewesen wäre. Das ist total nachvollziehbar, macht aber wesentliche Teile des positiven Effekts zunichte.

Drachenzähmen, Lektion 7

Diese beiden Drachen zu zähmen erfordert einiges an Selbstreflektion und Konsequenz. Man darf sich nicht erlauben, nach einer guten Tat zu selbstzufrieden zu werden.

Wenn man das in einem Bereich hinbekommt, können *Spillover-Effekte* – praktisch ein Überschwappen, ein Abfärben vom einen Lebensbereich in den anderen – der Psyche unter die Arme greifen. Man kann an einer Stelle klein anfangen und dort merken, dass nachhaltiges Leben durchaus machbar ist. Wenn man so Schritt für Schritt die verschiedensten Drachen in ihre Schranken verweist und Veränderung schafft, wachsen die eigenen *Selbstwirksamkeitserwartungen.* Statt sich auf dem Erfolg in einem Bereich auszuruhen *(negativer Spillover-Effekt),* wächst das Zutrauen und man wagt sich an den nächsten, etwas größeren Schritt. Schließlich hat man dann schon die Erfahrung im Gepäck, dass die Drachen besiegbar sind, weil man es schon einmal geschafft hat *(positiver Spillover-Effekt).*

Was wir tun können vs. was wir erreichen müssten

Das sind sie also, die sieben Drachengattungen, die Robert Gifford zusammengetragen hat. Sie alle tummeln sich in unseren Köpfen herum – also an dem Ort, den sich Psycholog*innen klassischerweise anschauen. Es gibt meiner Meinung nach aber noch einen weiteren, ziemlich dicken Drachen im Raum, der nicht nur mit uns als Individuum, sondern mit uns als Gesellschaft zu tun hat. Ich wandere damit ein bisschen vom Gebiet der Psychologie ab, aber das sei mir verziehen, denn dieser Drache hat sehr viel damit zu tun, warum wir uns der Klimakrise gegenüber so ohnmächtig fühlen.

Ich weiß noch, wie ich das erste Mal meinen eigenen CO_2-Fußabdruck berechnet habe. Es ist eine ziemlich detaillierte Angelegenheit mit vielen Fragen, die man als Mieter*in nicht unbedingt beantworten kann, und auf eine morbide Art irgendwie spannend. Am Ende sieht man eine Säule der eigenen Unzulänglichkeiten aufgetürmt, die viel höher ist, als man erwartet hatte – insbesondere, wenn man gefühlt schon so einiges tut, um der Umwelt nicht zu sehr zu schaden.

Was mich besonders betroffen gemacht hat, war der Vergleich meiner Säule zum Soll-Zustand, also dem Soll der planetaren Grenzen. Wollten wir innerhalb dieser Grenzen bleiben, dürfte jeder Mensch auf einen CO_2-Ausstoß von höchstens einer Tonne im Jahr kommen. Das habe ich allerdings nur durch das Pendeln zu meinem Job (mit dem Zug wohlgemerkt) schon innerhalb eines Monats überschritten. Einfach nur dafür, dass man in Deutschland lebt, wird einem außerdem fast eine Tonne »öffentliche Emissionen« oben draufgeschlagen – sozusagen unsere kollektiven systemischen Klimaschulden für die deutsche Infrastruktur. Eine Überschreitung meines CO_2-Budgets, ohne dass ich überhaupt gelebt habe. Uff.

Diese Rechner geben einem anschließend immer eine ganze Reihe an Tipps, wie man die eigenen Emissionen noch verringern kann.[23] Super, aber die helfen mir bei den öffentlichen Emissionen und meinem Arbeitsweg einfach nicht. Wir sprechen hier von einer *Behaviour Impact Gap*: die Lücke zwischen den Möglichkeiten zur Veränderung unseres Verhaltens (*behaviour*) und den Auswirkungen (*impact*), die wir damit erreichen können.

Fakten auf den Tisch: Ein Leben innerhalb der planetaren Grenzen ist in Deutschland aktuell nicht möglich. Warum sprechen dann alle vom CO_2-Fußabdruck? Warum diskutieren wir Pendelstrecken, Fleischkonsum, Stromsparen und Mülltrennung? Dahinter liegt ein Narrativ, das in unserer individualisierten Gesellschaft tief verankert ist: Jede*r ist seines eigenen

Glückes (und CO_2-Abdruckes) Schmied. Wir sind für uns selbst verantwortlich.

Das zeigt sich auch in politischen Appellen, wenn Politiker*innen zum Beispiel sagen, dass wir Verbraucher*innen mit dem Einkaufszettel entscheiden, was im Supermarkt angeboten wird. Aber ist das wirklich so? Wenn ich vor dem Gemüseregal stehe, dann habe ich die Wahl zwischen Biogurken aus Spanien, die in Plastik eingepackt sind und für die vermutlich geflüchtete Menschen zu niedrigen Löhnen gearbeitet haben, und regionalen Gurken, die mit Pestiziden belastet sind, die unser Grundwasser belasten und Insekten töten. Wie soll ich da »richtig« entscheiden? Der CO_2-Fußabdruck von Produkten ist ja nicht mein einziges Kriterium, wenn ich einkaufen gehe – und selbst wenn ich verschiedene moralische Maßstäbe detailliert vergleiche, wie soll ich mich da entscheiden? Was wiegt denn wirklich mehr? (Ganz abgesehen davon, dass ich nicht die Zeit habe, aus jedem Gurkenkauf eine Stunde ethischen Abwägens zu machen.)

Wenn ich keine der Gurken kaufe, nimmt der Laden dann beide Arten Gurken aus dem Sortiment, weil ich sie nicht wollte? Nein, natürlich nicht. Und dann kommt noch der finanzielle Aspekt dazu – und infrastrukturelle Fragen. Vielleicht würde ich lieber eine regionale Biogurke aus dem Hofladen um die Ecke essen, aber den gibt es in meiner Stadt eben nicht. Wir haben nicht wirklich die ganze Wahl.

Wir können es als Verbraucher*innen doch gefühlt nur falsch machen. Das darf natürlich keine Ausrede werden, nichts zu tun, sonst geben wir den Drachen der Untätigkeit wieder zu viel Raum, der ihnen nicht zusteht. Und trotzdem – an dieser Stelle fühle ich mich von der Politik allein gelassen. Die Stellschrauben, diese systemischen Veränderungen anzustoßen, liegen nämlich nicht bei mir. Kein Essen zu kaufen ist ja auch keine Lösung.

Aber auch hier kommt die Psychologie um die Ecke: Auch hinter unseren politischen, wirtschaftlichen und gesellschaftlichen Systemen stehen am Ende Menschen, deren Denken sich ändern muss. Wir dürfen uns nicht mehr mit dem Verzögerungsdiskurs von rein individueller Verantwortung abspeisen lassen, sondern wir müssen anfangen, die Lebensumstände zu fordern, die wir uns wünschen und die wir brauchen, um nachhaltig leben zu können.

Und weil hinter jeder dieser Entscheidungen letztlich auch nur Menschen stehen, ist es eine zentrale Frage, wer von den aktuellen Strukturen profitiert, denn ich und meine Gurke sind es sicher nicht. BP etwa hat in einer großangelegten Marketingkampagne Anfang der 2000er den CO_2-Fußabdruck propagiert und sich dafür kurzerhand sogar von »British Petroleum« zu »Beyond Petroleum« umgetauft. Mit diesem Fokus aufs Individuelle hat BP ziemlich geschickt politische Maßnahmen auf der systemischen Ebene verzögert, die ihr Geschäftsmodell gefährdet hätten – und hier stehen wir, über 15 Jahre später, und verstricken uns in Schulddebatten mit unserer Familie, Freund*innen und Nachbar*innen.

Diese Debatten sind unangenehm. Eigentlich will sie niemand führen, weil am Ende alle Beteiligten frustriert aus ihnen hervorgehen. Wir fühlen uns angegriffen, unverstanden und nicht gesehen. Vielleicht nagt tatsächlich ein Schuldgefühl an uns, weil unsere Werte uns ein anderes Verhalten nahelegen, das aber unmöglich ist. Vielleicht sind wir auch einfach nur wütend auf die anderen, weil die kein Einsehen haben und scheinbar egoistisch die Zukunft unserer Kinder und unseres Planeten gefährden. Im Endeffekt verschwenden wir unsere Energie aber an der falschen Stelle. Wir müssen uns nicht aneinander abarbeiten, wir können gemeinsam für eine bessere Zukunft kämpfen. Mit einem geschärften Blick für die echten Probleme.

Kapitel 2
Klimagefühle

Davos, 2019. Auf dem jährlichen Weltwirtschaftsforum in diesem entzückenden Kurort mitten in den Schweizer Alpen werden normalerweise vor allem Erfolgsgeschichten erzählt: von erfolgreichen Firmengründer*innen, schlauen Zukunftsinvestitionen, Milliardengewinnen. Was die *Fridays-for-Future*-Aktivistin Greta Thunberg dort an einem kalten, sonnigen Tag im Januar 2019 zu sagen hatte, passte so gar nicht in diese schillernde Businesswelt. Die damals 16-jährige Klimaaktivistin schleuderte den anwesenden wirtschaftlichen und politischen Entscheidungsträger*innen entgegen: »Ich will nicht, dass ihr hoffnungsvoll seid. Ich will, dass ihr in Panik geratet.«

Das Zitat wurde – wie so viele Zitate, die aus dem Kontext gerissen sind – häufig falsch verstanden. Natürlich will Greta Thunberg nicht, dass Menschen von Panik gelähmt der Klimakrise gegenüberstehen und verzweifeln. Sie spricht in ihrer Rede von ihren eigenen Klimagefühlen, der Panik, der Hoffnungslosigkeit, der Empörung, die sie empfunden hat. Wenn man sich mit der Klimakrise beschäftigt, dann kann einem das schon sehr aufs Gemüt schlagen. Sie appelliert an die einflussreichen Zuhörer*innen aus der Wirtschaft, sich endlich wieder berühren zu lassen. Und weil sie um das Potenzial dieser Emotionen als Handlungsanstoß weiß – schließlich ist sie genau aus diesem Grund Aktivistin geworden –, appelliert sie an die einflussreichen Zuhörer*innen, sich nicht hinter falschen Hoffnungsgeschichten zu verstecken. Was sie in der Rede einfordert, ist schlicht und einfach, dass wir alle, einschließlich der Reichen und Mächtigen, der Wahrheit ins Auge blicken und die ganzen Emotionen, die uns dabei überkommen, nicht hinter schicken *success stories* verstecken, sondern akzeptieren und nutzen, um wirklich etwas zu verändern.

Genau wie Greta Thunberg bin ich mir sicher, dass diese Menschen anders handeln würden, wenn sie sich häufiger auf die langfristigen Konsequenzen ihrer weitreichenden Entscheidungen besinnen und sich davon im Herzen berühren lassen würden.

Ich glaube nicht, dass Wirtschaftsbosse Monster sind, auch wenn ihre Entscheidungen manchmal so anmuten. Ich glaube nicht, dass der Großteil von ihnen gewissenlos ist. Ich glaube, dass ihr Denken auf denselben Narrativen beruht wie unseres. Sie sind genauso wie wir Kinder unserer Kontexte (dazu will ich später noch ein paar Worte sagen). Das bedeutet auch, dass sie dieses Denken genauso verändern können wie wir. Wenn die Chefin eines riesigen Wirtschaftsunternehmens ihr Denken ändert und daraufhin ihr Unternehmen anders führt, dann hängt da natürlich etwas mehr dran als bei mir als Einzelperson. Das hat Auswirkungen auf Tausende Angestellte und ihre Familien, auf Kund*innen, Zulieferer und deren Angestellte und die gesamte Branche. An ihrem Denken hängen Existenzen und Systeme. Wenn ein Zahnrädchen anders dreht, dann verändert sich auch die Drehrichtung der anderen. Da steckt viel Macht drin, aber auch Verantwortung. In so einer Position die richtigen Entscheidungen zu treffen ist schwer, die dadurch angestoßenen Prozesse sind komplex und können anstrengend sein.

Ob Konzernchefin oder Schüler: Für uns alle bergen sowohl die ökologischen Krisen als auch die notwendige Veränderung unangenehme oder anstrengende Momente und »negative« Gefühle wie Angst oder Trauer. Das ist ein Fakt und es ist auch völlig normal. Warum fällt es uns so schwer, anzuerkennen, dass wir als Menschen keine rein rationalen Lebewesen sind, auch in beruflichen Kontexten nicht? Warum versuchen wir, die Gefühle aus dem Business rauszulassen, kämpfen gegen unsere (menschliche) Natur und hören nicht darauf, was diese Gefühle uns etwas Wertvolles zu sagen haben: dass wir (pardon) ziemlich tief in der Sch*** sitzen?

Wir sind Emotionsphobiker*innen

In meinen Therapien sage ich manchmal: »Wir leben in einer emotionsphobischen Gesellschaft.« Man mag sich fragen, was das für eine komische Diagnose ist – es ist natürlich keine. Man kann einer Gesellschaft keine Diagnose stellen. Ich bin keine Historikerin und auch keine Soziologin. Was man als Psycholog*in irgendwann aber lernt, ist, dass unsere kollektive Geschichte und die Geschichte unserer Familien selbstverständlich einen starken Einfluss auf uns als Individuen haben.

Das menschliche Gehirn ist am Anfang wie ein Schwamm, der sich mit allem vollsaugt, was da ist. Babys lernen unglaublich schnell. Teils werden im Säuglingsalter sogar Strukturen im Gehirn angelegt, die später wieder rückgebaut werden. Erstmal aufbauen – könnte ja noch nützlich sein. Später kommen keine neuen Zellen mehr dazu, aber wir schaffen noch immer neue synaptische Verbindungen zwischen Gehirnstrukturen.

Alles, was wir erleben, prägt uns also, es baut sogar unser Gehirn um. Und dazu gehört nicht nur das, was uns persönlich passiert – sondern auch das, was wir uns von Vorbildern abschauen. Vorbild kann in dem Zusammenhang fast alles sein. Es kann Werbung sein, die uns bestimmte Botschaften vermittelt (glaubt mir, Werber*innen machen sich sehr akribisch Gedanken dazu, welche »Bedürfnisse« sie bei uns entdecken oder wecken könnten und wie sie die anzapfen können). Es können aber auch unsere Verwandten, Eltern, Freund*innen oder Lehrer*innen sein.

Und darin liegt ein bisschen die Krux. Was lernen wir von denen? Wir lernen nicht nur, an den richtigen Stellen »bitte« und »danke« zu sagen, sondern auch viel, was sie uns vielleicht gar nicht beibringen wollen, zum Beispiel darüber, wie man mit Gefühlen umgeht und welche Gefühle wann angemessen und wann ungewollt sind.

Werbung erzählt uns mehr oder weniger offensichtlich, dass das Leben immer gut zu sein hat: glückliche Großeltern, die lachende Babys umherwirbeln; zufriedene Kaffeegenießerinnen und Teetrinker; euphorisierte Autobesitzerinnen und Parfümbenutzer. In unserer Wohlstandsgesellschaft hält das Narrativ vor, dass glücklich sein der einzig akzeptable Lebenszustand ist.

An dieser Stelle habe ich eine schlechte Nachricht für euch: Das geht leider nicht. Das geht schon neurobiologisch gar nicht, aber es ist auch evolutionär nicht sinnvoll.

In meinem Psychologiestudium waren Emotionen ein Thema von vielen, aber ich glaube, dass es für uns eine viel wesentlichere Rolle einnimmt, als ihm zugestanden wird – weil wir eben so schlecht im Umgang mit Gefühlen sind.

In meiner Praxis kann ich in der täglichen Arbeit sehen, dass fast niemand, der meine Hilfe sucht, einen guten Umgang mit unangenehmen Gefühlen gelernt hat. Natürlich könnte man jetzt sagen: Das ist auch eine sehr selektive Auswahl an Menschen. Das sind schließlich Leute, die eine Psychotherapie machen. Aber wenn wir mal ganz ehrlich sind – wer wäre nicht gerne immer glücklich? Wer findet es nicht doof, traurig zu sein oder Angst zu haben? Das ist einfach unangenehm. Wenn man mit diesen Gefühlen nicht gut umgehen kann, dann entstehen oft Probleme – und leider (und da ist meine Stichprobe natürlich doppelt unrepräsentativ) holen sich nicht alle Menschen Hilfe, die sie eigentlich brauchen würden.

Wie ist unsere Gesellschaft so emotionsphobisch geworden?

Eine Antwort liegt tatsächlich in der Geschichte. Wir wissen aus der Traumaforschung, dass Traumata sich über Generationen hinweg »weitervererben«. Nicht in dem Sinne, dass man dasselbe erlebt wie die Eltern oder Großeltern, sondern dass Traumata sich auf das Gehirn auswirken – Menschen also zum

Beispiel stärker auf Stress reagieren. Und das überträgt sich tatsächlich auf das Gehirn der Kinder. Bei denen fällt die Stressreaktion dann auch größer aus und sie sind sensibler für Gefahren. Das ist potenziell ein Vorteil, weil man dann vorsichtiger ist, aber eben auch anstrengend. Stress kann richtig krank machen.

Es gibt jedoch auch weniger biologische Einflüsse, die – wie häufig in der Psychologie – schlechter greifbar sind. Wenn wir traumatisiert oder anders negativ geprägt werden, dann hat das auch Auswirkungen darauf, wie wir uns und die Welt wahrnehmen. Bei Traumatisierung durch andere Menschen hat es auch Auswirkungen darauf, wie wir über Menschen denken. Platt gesagt: Wir denken dann eher, dass die Welt ein böser Ort ist, an dem böse Menschen uns etwas antun, dem wir wehrlos ausgeliefert sind.

Natürlich gibt es böse Menschen, natürlich ist die Welt ein potenziell gefährlicher Ort. Die Frage ist aber am Ende, wie wahrscheinlich es ist, dass uns etwas Schlimmes passiert – diese Wahrscheinlichkeit wird nach einer Traumatisierung häufig überschätzt. Und diese Falscheinschätzung macht etwas mit unserem Verhalten. Psycholog*innen sprechen da von *Sicherheits- und Vermeidungsverhalten*: Dinge, die wir tun, damit wir uns sicherer fühlen – zum Beispiel einen Talisman dabei zu haben oder bestimmte Orte zu meiden. Solche Verhaltensmuster und auch Denkweisen zeigen sich dann auch gegenüber Kindern. Traumatisierte Eltern können überbehütend sein, sich vielleicht sehr misstrauisch gegenüber anderen Menschen äußern – und das trifft dann auf den »Schwamm«, das Gehirn des Kindes.

Auch das kann wieder ein evolutionärer Vorteil sein – schließlich muss das Kind dann bestimmte Erfahrungen nicht selbst machen, sondern ist durch das Vorbild davor geschützt. Andererseits hat es dann aber weniger Möglichkeiten, diese Dauergefahrenwahrnehmung zu hinterfragen und die Erfahrung zu machen, dass die meisten Menschen soziale und kooperative Wesen sind, man in unserer Gesellschaft in den meisten Situationen sicher ist und das Leben sehr schön sein kann, ohne dass wir dauerhaft in Alarmbereitschaft sein müssen.

Was hat das alles mit Emotionen zu tun? Starke Traumatisierungen haben auch eine Auswirkung darauf, wie wir mit Gefühlen umgehen. Wenn man ein Trauma erlebt hat, das einen bis in die Grundfesten der eigenen Überzeugungen erschüttert hat und das eigene Sicherheitsgefühl zerstört, dann möchte man daran nicht mehr denken. Die Erinnerung löst nämlich ähnlich unangenehme Gefühle aus wie zum Zeitpunkt des Erlebens – zum Teil ist es sogar so, dass dem Traumagedächtnis der Zeitstempel fehlt und man das Erinnerte wiedererlebt, als ob es nochmal passieren würde. Das macht Angst.

Zurück zur historischen Dimension: Anfang und Mitte des 20. Jahrhunderts hat unsere Gesellschaft zwei Weltkriege erlebt. Diese Zeit war für viele Menschen einschneidend und teils traumatisierend. Es gab unzählige Opfer im Krieg und durch die Gräueltaten des Holocaust, es gab Menschen, die sich schuldig gemacht haben. Sich diesen Themen zuzuwenden, wäre sehr schmerzhaft gewesen. Angsterleben, wenn man an die Traumatisierung denkt, Trauer über die Härte der Erlebnisse und Verluste, Schuldgefühle für den eigenen Anteil am Weltgeschehen, Scham, wenn man sich in der Naziideologie verrannt hatte. Eine richtige Aufarbeitung der Nazivergangenheit hat bei vielen nicht stattgefunden. Der Krieg ist schwer zu verarbeiten, insbesondere wenn es in der Gesellschaft sowieso schon unüblich ist, über Gefühle und Probleme zu sprechen.

Viele Menschen aus dieser Generation der Kriegskinder und ihrer Eltern zeigen anderen Menschen gegenüber wenig Gefühle – manche haben nicht mal so recht einen Zugang zu ihren Gefühlen und wissen gar nicht so gut, was da eigentlich in ihnen vorgeht. Das ist meine Erfahrung aus der Praxis, aber es gibt auch Forschung und psychologische Betrachtungen dazu.[24]

Die Kriegskinder waren das Lebensumfeld für die Generation meiner Eltern – die Kriegsenkel. Und die Kriegsenkel haben natürlich auch Gefühle – aber hatten kein Vorbild dafür, wie man mit Gefühlen umgeht. Unangenehme Emotionen wurden in dieser Generation häufig als etwas Schlechtes erlebt, etwas, das nicht da sein darf. Wut war häufig sehr destruktiv, wenn sie unreguliert aus den Eltern rausplatzte – es gibt viele »Choleriker« in der Kriegskindergeneration. Körperliche Strafen und das Brechen des Willens von Kindern waren weit verbreitete Erziehungsmethoden – das hat eine lange Tradition, die weit in unserer Geschichte zurückreicht, im Nationalsozialismus wurde das allerdings zur bewussten Methode erhoben. Erst in den darauffolgenden Jahrzehnten haben wir durch Forschung gelernt, wie schädlich solche Erziehung ist. Angst und Trauer wurden möglichst versteckt, weil man nicht als »schwach« dastehen wollte.

Was lernt man, wenn man als Kind ein solches Verhalten bei seinem Umfeld beobachtet? Unangenehme Gefühle hat es nicht zu geben, weil sie schlecht sind. Und daraus wird dann die Annahme, dass man immer glücklich und fröhlich zu sein hat (oder mindestens neutral). Ich sag's nochmal: Das als Mensch umzusetzen ist schlicht unmöglich.

Die Kriegsenkel haben also Gefühle, von denen sie denken, dass sie sie nicht haben dürften, und von denen sie nicht gelernt haben, wie man sie konstruktiv reguliert, weil sie keine Vorbilder dafür hatten. Das ist die Lernaufgabe ihrer Generation – die sie an meine Generation übertragen haben.

Die gesellschaftliche Ebene und auch geschichtliche Ereignisse haben also einen Einfluss auf unsere Psyche. Es gibt sicherlich noch mehr Einflüsse, die ich nicht erwähnt habe – ich denke da an die Aufklärung, den Zugewinn an Lebensqualität und die verbesserte Gesundheitsversorgung, die veränderten Arbeitsbedingungen, die Studentenbewegung der 60er-Jahre, den Feminismus, das Fortkommen der psychologischen Forschung und die Verbreitung dieses Wissen, von Megatrends wie die Digitalisierung und vieles mehr. Die Anforderungen daran, welche

Gefühle wir wann und wie zeigen und wie wir sie regulieren, verändert sich mit der Zeit und ihren Ereignissen.

Unsere kollektive »Emotionsphobie« spiegelt sich natürlich auch in den Botschaften der Werbung wider – schließlich wird sie von uns gemacht. Sie schallt sozusagen von allen Dächern und verstärkt sich so selbst.

Wir haben Social-Media-Kanäle, die sich nur darum drehen, ein möglichst glückliches und perfektes Bild von uns selbst zu zeigen. Psycholog*innen nennen das *Impression Management*. Das hat allerdings einen Haken – es stimmt einfach nicht. Das Leben ist nicht immer schön und wir sind nicht perfekt. Es macht Druck, diese Bilder anderer Menschen zu sehen und zu denken, dass man der oder die einzige ist, bei der es nicht so aussieht. Die Auswirkungen davon zeigen sich zum Beispiel in erschreckenden Umfrageergebnissen, in denen Jugendliche ihre Suizidgedanken auf die Nutzung von Kanälen wie Instagram zurückführen.[25]

Da stehen wir also. Eine emotionsphobische Gesellschaft. Wie kommen wir da wieder raus?

Der erste Schritt ist Akzeptanz. Zu akzeptieren, dass wir nicht perfekt sind und dass wir eben nicht immer glücklich sein können. Das schreibt und liest sich simpel, es ist aber unglaublich schwer. Wir müssen uns schließlich von einem gesellschaftlichen Narrativ verabschieden, das uns dauerhaftes Glück verspricht. Wer will das schon wirklich? Aus dieser »Glücksfalle« herauszukommen, kann uns aber helfen, tatsächliche Lebenszufriedenheit zu erreichen, denn die hat mit Perfektion und Dauerglück wenig zu tun. Wie man Zufriedenheit erreicht, ist sehr individuell. Unsere Gefühle können uns aber helfen, den Weg dorthin zu finden – ja, auch die unangenehmen Gefühle.

Um das zu erklären, muss ich nochmal einen Schritt zurückgehen: Was sind überhaupt Gefühle? Und wozu haben wir die? Wie fast alles, was sich im Laufe der Jahrtausende in uns entwickelt hat, bieten unsere Gefühle einen evolutionären Vorteil. Sie helfen uns, uns in der Welt zurechtzufinden. Unangenehme Gefühle wie Angst, Trauer, Wut oder Ekel sind dazu da, uns vor potenziellen Gefahren zu beschützen. Sie fokussieren unsere Wahrnehmung und unser Denken auf diese Gefahren und machen uns Hummeln im Hintern, das Problem zu beseitigen (oder ihm auszuweichen). Angenehme Emotionen wie Freude, Interesse oder Stolz erweitern unsere Wahrnehmung und flexibilisieren unser Denken – dadurch werden langfristig Kreativität und neue Lernerfahrungen möglich. Außerdem belohnen sie uns dafür, wenn etwas gut gelaufen ist oder uns guttut, damit wir diese Dinge möglichst wiederholen.

Soziale Emotionen wie zum Beispiel Schuld, Scham oder Stolz sind von sozialen Normen abhängig, also davon, was wir über die Erwartungen anderer Menschen an uns gelernt haben. Sie helfen uns, im sozialen Zusammenleben besser zurecht zu kommen und uns nicht allzu viele Feinde zu machen – im besten Fall sogar viele Freunde.

Soweit die Basics. Dazu kommen im Laufe des Lebens Lernerfahrungen, die dazu führen, dass wir Gefühle zu Gefühlen haben, was den Umgang mit ihnen etwas komplizierter macht. Man kann zum Beispiel Angst vor einer bestimmten Angst entwickeln. Wenn ich schon beim Anstehen für die Achterbahn ein flaues Gefühl im Magen habe, dann ist das ja zum Beispiel noch nicht die instinktive, bei den meisten Menschen unangenehme Reaktion darauf, in einem kleinen Gefährt in der Luft herumgewirbelt zu werden – ich befinde mich ja noch gar nicht in dieser Situation. Weil ich mich aber erinnere, dass mir bei den letzten Achterbahnfahrten das Herz in die Hose gerutscht ist, entwickelt mein Gehirn schon mal vorsorglich Angst vor dieser Angst.

Wenn es ums Achterbahnfahren geht, mag das harmlos sein oder sogar zum Spaß beitragen (es gibt *Angstlust*). Solche Gefühle zu Gefühlen können aber verhindern, dass man sich bestimmten Situationen aussetzt und bestimmte Erfahrungen macht – und damit auch verhindern, dass man überhaupt positive Erinnerungen entwickelt. Schamgefühle und Angst vor sozialen Ängsten etwa können verhindern, dass Menschen in Kontakt mit anderen treten und lernen können, dass die anderen Menschen sie nicht wirklich auslachen würden oder ihnen schaden wollen.

Gefühle haben also verschiedene Ebenen. Einerseits das »Gefühl« an sich, dass sich oft auch in einem entsprechenden Körpergeschehen ausdrückt – etwa der Kloß im Hals, wenn man traurig ist, der Stein im Magen bei der Angst, das Herz, das einem im Schock in die Hose rutscht, oder die Hitze, die einem in der Wut zu Kopfe steigt. Gefühle werden aber auch von dazugehörigen Gedanken begleitet – also zum Beispiel »die anderen werden mich auslachen und das wird furchtbar peinlich«. Außerdem machen sie etwas mit unserem Wahrnehmungsfokus – der berühmte »Tunnelblick« bei Angst zum Beispiel. Und sie legen uns ein bestimmtes Verhalten nahe: dass man Situationen vermeidet, Dinge gar nicht erst tut (zum Beispiel den matschigen Brokkoli essen) oder sie aktiv anstrebt (zum Beispiel eine Aufgabe anzugehen, wenn man sich darauf freut, dass deren Erfüllung einen mit Stolz erfüllt).

Gefühle sind evolutionär sinnvoll, geben Orientierung und Handlungsanweisungen. Problematisch im Sinne einer psychischen Erkrankung wird es erst dann, wenn man diese Gefühle nicht regulieren kann und deswegen auf allerlei kreative und wenig hilfreiche Methoden zurückgreift, um mit ihnen klarzukommen. Wir sind ziemlich gut darin, Ablenkungsstrategien oder Selbstberuhigungsstrategien zu (er)finden. Eine langfristig nicht besonders vorteilhafte, aber recht weit verbreitete Methode ist zum Beispiel, irgendetwas zu konsumieren, um unangenehme Gefühle auszuschalten. Ob das jetzt Alkohol, Schokolade, Netflix-Serien oder Klamotten sind. Andere Menschen vermeiden Gefühle, indem sie sich andauernd exzessiv beschäftigt halten – so kann man zum Workaholic werden oder einen Putzzwang entwickeln. Eine andere Möglichkeit ist, Gefühle sozusagen durch Gedanken zu ersetzen: sich ganz viele Gedanken darüber zu machen, was man falsch gemacht hat, zu grübeln oder sich ganz viele Sorgen über mögliche Katastrophen in der Zukunft zu machen. Wenn das so weit außer Kontrolle gerät, dass man selbst oder andere darunter leiden oder man den Alltag nicht mehr gewuppt bekommt, dann sprechen Psychotherapeut*innen von einer *krankheitswertigen Störung* und *Behandlungsbedarf*.

Was heißt das jetzt für unseren Umgang mit der Klimakrise?

Auch die Gefühle, die die Klimakrise in uns hervorruft, haben eine wichtige Botschaft für uns. Auch sie weisen uns auf eine Gefahr hin – in diesem Fall die bereits beobachtbaren und die potenziellen zukünftigen Folgen der Überhitzung unserer Erde. Die gute Nachricht ist: Wenn die Klimakrise Gefühle auslöst, ist mit den Gefühlen alles in Ordnung. Die Folgen der Klimakrise stellen eine echte Bedrohung dar und auf echte Bedrohungen sollte eine gesunde Psyche mit unangenehmen Gefühlen reagieren, damit wir nicht vergessen, dass es da was zu tun gibt.

Die schlechte Nachricht: Die Klimakrise ist eine recht komplexe Angelegenheit – wir können sie nicht einfach wie den matschigen Brokkoli, bei dem der Ekel Alarm schlägt, beiseitelegen und so die Gefahr bannen. Deswegen ist der Umgang mit Klimagefühlen auch so eine verzwickte Sache. Ich kann allerdings mit Sicherheit sagen, dass sie zu verdrängen überhaupt nichts bringt, weder individuell noch gesellschaftlich. Sie zu kennen, hilft schon eher. Werfen wir also einen Blick auf die häufigsten Emotionen, um die es dabei geht.

Klimaangst

Bei den *Psychologists for Future* bezogen sich in den letzten Jahren bestimmt 80 Prozent aller Presseanfragen auf die Angst vor den Folgen der Klimakrise. Spätestens, als der hässliche Begriffszwilling »Klimahysterie« 2019 zum Unwort des Jahres gewählt wurde, war klar, dass es sich bei Klimaangst um ein Phänomen handelt, das große Teile der Bevölkerung beschäftigt – sei es als Betroffene oder als Ablehnende in der dazugehörigen Debatte.

Was ist Klimaangst – ist sie übertrieben oder sogar eine psychische Störung? Wie kann man mit ihr umgehen? Das waren die Fragen, mit denen Journalist*innen immer wieder an uns herantraten. Es passt sehr gut in unser individualisiertes Denken, dass sofort gefragt wird, ob einzelne Menschen »hysterisch« sind, weil sie sich mit Klimafakten befassen und diese ernst nehmen. Damit individualisieren wir die Klimakrise und diskutieren sie als ein emotionales Anpassungsproblem einzelner Menschen. Dieses Abschieben des Problems auf einzelne Menschen lenkt von der eigentlichen Aufgabe ab: Wir als Gesellschaft müssen alle zusammen die Klimakrise bekämpfen. Dringend. Dann fällt der Grund für die Angst automatisch wieder weg.

Klimaangst taucht dann auf, wenn man sich mit der möglichen und immer wahrscheinlicher werdenden Zukunft in der Klimakrise und all ihren Folgen beschäftigt – damit, wie die Welt in 10, 20 oder 50 Jahren aussehen könnte für uns, unsere Kinder und Enkel. Vielleicht geht es euch auch beim Lesen dieses Buchs zeitweise so, dass ihr euch bei dem Gedanken erwischt, »ich will das alles gar nicht so genau wissen«, ihr euch belastet fühlt, das Buch weglegen wollt. Flucht und Vermeidung sind typische Impulse bei einer angstauslösenden Situation. Dazu muss die Situation nicht immer eine unmittelbare physische Gefahr beinhalten – wir müssen uns nicht immer dem sprichwörtlichen Säbelzahntiger gegenübersehen oder meinetwegen dem aufgescheuchten Wespennest, um Angst zu haben. Es reicht, eine Gefahr in der Zukunft zu antizipieren, sie vorherzusehen.

Dann wirft sich (wie bei allen starken Gefühlen) unsere Stressmaschine an, die Angst steigt und macht uns den Druck, die Gefahr abzuwehren oder zu verhindern, dass sie eintritt. Wenn wir uns also mit Klimafakten und den zugegebenermaßen wirklich düsteren Zukunftsaussichten beschäftigen, dann geht das meistens nicht spurlos an uns vorbei. Das ist ein ganz normaler psychischer Vorgang, der uns Menschen jahrtausendelang einen Überlebensvorteil gesichert hat – also keine psychische Erkrankung und sicher keine Hysterie, um das nochmal ganz deutlich zu sagen!

Bei behandlungsbedürftigen Ängsten, wie zum Beispiel einer *Agoraphobie*, haben Menschen starke Angst – bis hin zu Panikattacken –, wenn sie Situationen erleben, die die meisten Menschen nicht als gefährlich einstufen würden. Bei Agoraphobie, also Platzangst, sind das zum Beispiel Fahrten in einer U-Bahn oder ein Sitz in der Mitte der Reihe beim Theaterbesuch. Hier verhindern übersteigerte Ängste, dass Betroffene ein normales Leben führen, sie igeln sich zu Hause ein, weil sich ihre Wohnung wie der einzig sichere Ort anfühlt.

Die Klimakrise ist eine reale Bedrohung. Hier und heute schon. Es ist eine sinnvolle und gesunde Reaktion, vor ihren Folgen Angst zu haben. Ich klinge hier vielleicht wie eine kaputte Schallplatte, aber das kann man echt nicht oft genug sagen.

Klimaangst tritt in verschiedenen Bereichen der Welt unterschiedlich stark auf. In einer internationalen Umfrage unter 10.000 Kindern und Jugendlichen in zehn Ländern des globalen Nordens und des globalen Südens wurde deutlich, dass diejenigen stärkere Klimaangst empfinden, die bereits von Folgen der Klimakrise betroffen sind – beispielsweise Menschen auf den Philippinen oder in Portugal.[26] Hatten die Befragten zusätzlich den Eindruck, dass die zuständigen Politiker*innen nicht ausreichend viel für die Rettung ihrer Zukunft tun (ein ehrlich gesagt bisher nicht besonders irriger Eindruck), verstärkt das die Klimaangst weiter.

Wir in Deutschland sind noch in der luxuriösen Situation, dass die aktuellen Auswirkungen der Klimakrise uns sehr selten direkt betreffen. Das sieht in anderen Ländern ganz anders aus, zum Beispiel in den Sahelländern, in denen Dürren die Lebensmittelversorgung bereits heute besorgniserregend einschränken. Trotzdem ist es auch hierzulande so, dass etwa zwei Drittel der Kinder und Jugendlichen sich starke Sorgen (die gedankliche Dimension von Angst) wegen der Klimakrise machen.[27] Auch bei Erwachsenen sind Sorgen wegen der Klimakrise nicht selten: Eine große Mehrheit in Deutschland und auch in der gesamten EU ordnet die Klimakrise als eine wichtige Bedrohung ein – im Eurobarometer waren das zuletzt über 90 Prozent.[28] Klimaangst ist also kein Nischenphänomen – das ist übrigens ein weiterer Unterschied zu psychischen Erkrankungen, die auch dadurch definiert sind, dass sie selten auftreten. Klimaangst ist längst ein Mehrheitsthema.

Wenn wir die wissenschaftlichen Fakten ernst nehmen und die Warnungen, die Wissenschaftler*innen immer deutlicher formulieren, wenn wir das Thema wirklich an uns heranlassen, dann wird uns das zwangsläufig Angst machen. Das ist gut so. Die Angst motiviert uns im besten Falle zu handeln.

Bei der Angstreaktion gibt es zwei Wege im Gehirn, auf denen die Information verarbeitet wird – einen Schnellweg, der direkt ins emotionale Zentrum geht und die Stressreaktion mit dem Vermeidungsimpuls auslöst. Für diesen Schnellweg müssen wir nicht viel nachdenken, der geht gar nicht durch die Großhirnrinde, in der das bewusste Denken stattfindet. Das ist der Grund, warum wir manchmal aus dem Affekt handeln – und reflexartig aus dem Weg springen können, wenn sich eine Gefahr nähert. Der andere Weg ist der der bewussten Verarbeitung. Hier werden Lebenserfahrungen miteinbezogen, Informationen abgewogen und ins Verhältnis gesetzt und dann kann unser Großhirn die schnelle Angstreaktion wieder abmildern oder wenn nötig noch verstärken. Bei der Klimakrise passiert das natürlich auch. Wir verarbeiten die vielen Schreckensszenarien in unserem Kopf und fragen uns, wie wir das Problem lösen können oder was wir tun können, um die Gefahr zu vermeiden.

Und darin steckt die Krux bei der Klimakrise. Sie ist nicht nur eine kurzfristige Gefahr, sondern langfristig, und die Beseitigung des Problems liegt nicht in unserer Macht als Einzelperson. Die Klimakrise ist von vielen Menschen in gemeinsamem Handeln verursacht – über Generationen hinweg – und sie kann auch nur von vielen Menschen gemeinsam und über Jahrzehnte hinweg abgemildert und die CO_2-Konzentration in der Atmosphäre vielleicht in einigen Jahrhunderten sogar normalisiert werden. Wir befinden uns also in einer Situation mit erheblichen Unsicherheiten – die Klimakrise ist in ihren genauen Auswirkungen unvorhersehbar und auch unkontrollierbar. Wir haben intuitiv erstmal keine Ahnung, wo wir ansetzen sollen. Dass individuelle Konsumveränderungen allein das Problem nicht lösen, ist relativ schnell klar, und dann steht man da wie der Ochs vorm Berg und fühlt sich hilflos. Hilflosigkeit wiederum verstärkt die Angst – ein Teufelskreis, in dem man sich beliebig lange drehen kann.

Psycholog*innen beschäftigen sich in den letzten Jahren zunehmend mit der Frage, ob Klimaangst eher lähmend oder hilfreich ist – uns also eher in die Vermeidung des Themas führt oder dazu motivieren kann, zur Problemlösung beizutragen. Die Ergebnisse sind gemischt. Bisher konnte kein eindeutiger Zusammenhang zwischen Klimaangst und Klimaschutzverhalten gezeigt werden.[29] Bei einigen Menschen motiviert sie tatsächlich zur Handlung, bei manchen ist sie eher lähmend und fördert die Vermeidung.

Eine wesentliche Zutat dabei, Klimaangst als motivierend empfinden zu können, ist zu wissen, was man tun kann. Wir brauchen einen Ausweg, in dessen Richtung wir unsere Angst konstruktiv kanalisieren können.

Solastalgie und ökologische Trauer

Der australische Geologe Glenn Albrecht prägte bereits vor über 15 Jahren den Begriff *Solastalgie*.[30] Das ist eine Wortneuschöpfung aus den Wörtern für Trost (englisch *solace*) und Nostalgie. *Solastalgie* ist eine besondere Art von Trauer: der Schmerz, den wir fühlen, wenn wir einen Ort verlieren, der uns Trost gibt. Also praktisch Heimweh nach einer Heimat, die verloren geht. Glenn Albrecht sagt, es gebe viele solcher *psychoterrestrischen*

Gefühle, also Gefühle, die sich auf die Erde beziehen (das hat nichts mit Aliens zu tun).

Ich kenne *Solastalgie* von Spaziergängen im Wald bei mir zuhause – wenn ich sehe, wie der Wald immer weiter austrocknet, und Angst bekomme, dass er stirbt. Ein Freund von mir empfindet *Solastalgie*, weil ein ihm vertrauter Bachlauf ausgetrocknet ist, in dem er früher immer Salamander gesehen hat.

In einer Studie werden die Inuit in etwa so zitiert: »Wir sind Menschen des Meereises. Wenn das Eis schmilzt, wer sind wir dann?«[31] Auch das ist Solastalgie. Heimatverbundenheit als ein wichtiger Faktor für unsere Identität – sie ist zentral für unseren Selbstwert und unsere Lebenszufriedenheit. Wir gehören einfach gerne irgendwo hin. Wir lieben unser Zuhause und wenn es verloren geht, dann trauern wir. Bei den Inuit kommt noch dazu, dass ein großer Teil ihres kulturellen Wissens an den Ort gebunden ist, dass bestimmte kulturelle Techniken nur in diesem Ortskontext relevant sind – es geht also auch ein Teil Kultur verloren, wenn die Heimat sich verändert.

So ähnlich könnte es Menschen in den deutschen Braunkohledörfern gehen. Wenn der Ort, an dem du geboren wurdest, einfach abgebaggert wird. Wenn es die Kirche nicht mehr gibt, in der du getauft wurdest, und die Gräber umgebettet wurden, wenn dein Elternhaus nicht mehr steht – wenn der ganze Ort einfach in einem riesigen Loch verschwindet und du dort nie wieder hinreisen kannst. Das ist ein Heimweh, das nicht gestillt werden kann. Diese Trauer muss verarbeitet werden.

Trauer ist das Gefühl, das wir als Menschen empfinden, wenn wir einen Verlust erleiden. Sie ist die Kehrseite von Liebe. Wir betrauern nur, was uns wichtig ist. Trauer dient praktisch der Verlustverarbeitung – ich sage immer, sie ist der Heilungsschmerz der Seele.

Trauer bleibt oft lange und wir müssen da durch, das ist sehr unangenehm. Aufgeschoben heißt hier nicht aufgehoben. Trauer hat auch verschiedene Gesichter: Man kann es nicht wahrhaben wollen, Trauer kann aber auch wie Wut aussehen, weil man es ungerecht findet, dass ausgerechnet einem selbst das passieren muss. Sie kann depressiv-niedergeschlagen sein, weil man hoffnungslos ist. Irgendwann schafft man es im besten Fall, den Verlust zu akzeptieren, vielleicht sogar eine neue Perspektive auf das Leben zu entwickeln. Nach vorne zu schauen und den oder das Verlorene hinter sich zu lassen.

Klimatrauer, *Climate Grief*, oder ökologische Trauer, *Eco Grief*, ist nochmal ein bisschen komplizierter. Sie hat verschiedene Dimensionen. Wegen der Klimakrise können wir viele verschiedene Dinge verlieren: Elemente unserer Kultur (so wie bei der *Solastalgie*), unsere Gesundheit, unseren Lebensstil, unsere Heimat, den Frieden, Tierarten, Pflanzenarten, Würde, unsere bisherigen Denkweisen und Identitätsfaktoren – und noch viel mehr. Manche Verluste sind schleichend, manche kommen plötzlich, mache sind total, manche Sachen verlieren wir nur zum Teil – das macht die Verarbeitung der Klimatrauer komplizierter. So wie man eine Person schlecht betrauern kann, die vermisst gemeldet ist, aber die man noch nicht beerdigen konnte.

Manchmal wählen wir die Verluste sogar selbst. Ich finde es vollkommen verständlich, wenn man traurig ist, weil man die Kreuzfahrt oder die Flugreise nicht mehr machen kann, von der man immer geträumt hat. Man entscheidet sich aus guten Gründen dagegen, handelt passend zu den eigenen Werten – das fühlt sich stimmig und richtig an und kann zugleich extrem traurig sein.

Wir können also nicht nur traurig sein wegen etwas, das wir schon verloren haben, sondern auch wegen etwas, das wir gerade verlieren oder verlieren werden. Es gibt praktisch vorhergesehene, *antizipierte Trauer*. Das ist, finde ich, besonders quälend, weil man sehenden Auges und fühlenden Herzens in den Verlust geht.

Ich glaube ehrlich gesagt, dass die Klimatrauer im Vergleich zur Klimaangst ein total unterschätztes Gefühl ist. Wir sprechen nicht gerne darüber, viele Menschen ziehen sich eher in ihr Schneckenhaus zurück, wenn sie traurig sind. Wir weinen nicht gerne vor anderen, haben vielleicht auch Angst, dass man uns nicht ernst nimmt, wenn wir wegen des Klimas traurig sind.

Dazu kommt noch, dass verschiedene Klimatrauer-Prozesse parallel ablaufen und auch kombiniert sein können. *Reef Grief* ist so ein Beispiel. Die Trauer der Australier*innen um ihr Great Barrier Reef ist ein ortsbezogener Verlust, der auch *Solastalgie*-Elemente hat, Tierarten sterben aus und es hängen kulturelle und wirtschaftliche Verluste mit dran, vielleicht sogar ein Jobverlust, wenn die Tourist*innen wegbleiben. So ein spezifischer Schmerz wie der *Reef Grief* kann dann auch einen sowieso bestehenden Weltschmerz und eine grundsätzliche ökologische Trauer auslösen und verstärken.

Es gibt so viel zu verlieren und zu betrauern – ihr seid damit ganz sicher nicht allein.

Klimawut

Wut ist das Gefühl, das wir fühlen, wenn etwas ungerecht ist oder jemand eine Grenze bei uns überschreitet. Sie gibt uns die Energie, uns zu verteidigen und uns für uns einzusetzen. Auch wegen unserer Wut handeln wir als Menschen immer wieder Regeln für unser Zusammenleben aus, dadurch wird das Leben bestenfalls fairer und vorhersehbarer. Wenn jemand sauer auf mich ist, merke ich, dass ich zu weit gegangen bin.

Zu viel Wut kann auch in Gewalt umschlagen, dann wird es destruktiv. Wir sollten nicht zu Wutbürger*innen mutieren. Grundsätzlich ist Wut aber erstmal genauso unsere Verbündete wie Trauer und Angst. Die drei sind – zusammen mit Ekel – dafür zuständig, unser Überleben zu sichern. Das muss sich nicht gut anfühlen, es muss nur funktionieren. Ehrlich gesagt: Es darf sich gar nicht gut anfühlen, um zu funktionieren.

Klimawut ist, weil sie sich nicht so ohnmächtig anfühlt, motivierender als Angst.[32] Wut geht nach vorne, sie ist stark. Ihr seid stark. Ich glaube, dass Klimawut genauso wie Klimatrauer total unterschätzt wird. Das liegt auch daran, dass wir Wut häufig mit Aggression und Gewalt in Zusammenhang bringen und sie deswegen verpönt ist. Aber man kann Wut eben auch konstruktiv kanalisieren und in Handlung übersetzen, die uns weiterbringt.

Klimagerechtigkeit ist wichtig und genau das sagt euch die Klimawut. Sie hilft, sich für Klimagerechtigkeit einzusetzen. Es ist genau das, was man fühlt, wenn man sich mal wieder über inkonsequente Klimapolitik aufregt.

Es ist ziemlich verständlich, dass man enttäuscht ist (ein Mischgefühl von Trauer und Wut) oder empört und zornig (Komponenten von Wut), wenn man sich damit beschäftigt, wie groß das Problem ist und wie wenig die tun, die was tun könnten. Das ist himmelschreiend ungerecht. Wir haben sie schließlich gewählt, damit sie genau solche Themen anpacken, die wir als Einzelperson eben nicht für alle regeln können. Do your f.ckin job.

Oder man ist sauer auf Nachbar*innen, Freund*innen oder die Familie, weil die nicht so konsequent klimafreundlich leben, wie es angebracht wäre. Jüngere sind wütend auf die Älteren, weil die es mit ihrem Lebensstil verbockt und nicht früh genug gegengesteuert haben – immerhin wissen wir spätestens seit dem Buch *Grenzen des Wachstums* des Club of Rome, also seit 1972, dass es so nicht weitergehen kann. Menschen im globalen Süden, die am meisten unter der Klimakrise leiden, sind wütend auf uns Menschen im globalen Norden, weil wir ihnen das eingebrockt haben und jetzt zu wenig tun, um es wiedergutzumachen. Genauso ist es mit ärmeren, marginalisierten Menschen in Deutschland, die sich zurecht verarscht vorkommen, wenn sie auf ihre Avocado verzichten sollen, während reiche Menschen mit ihrem Privatflugzeug durch die Gegend jetten.

Dabei ist ein wichtiges Detail zu beachten: Was wir als gerecht oder ungerecht empfinden, ist von Mensch zu Mensch unterschiedlich. Manche Menschen haben eher einen Fokus darauf, dass sie selbst nicht ungerecht behandelt werden, manchen

Menschen ist es besonders wichtig, nicht selbst andere ungerecht zu behandeln oder dabei zusehen zu müssen oder unabsichtlich einen Vorteil daraus zu ziehen.

Da stecken unterschiedliche moralische Komponenten drin und dann fordert man auch andere Konsequenzen. Wenn ich selbst Opfer einer ungerechten Situation geworden bin, dann will ich vielleicht, dass die bestraft werden, die Schuld daran sind. Wenn ich beobachte, dass anderen Ungerechtigkeit widerfährt, ist mein Fokus vielleicht weniger darauf, die Täter zu bestrafen, als darauf, die Ungerechtigkeit für die Opfer wiedergutzumachen. Wenn ich etwas falsch gemacht habe und die Ungerechtigkeit bemerke, dann entschuldige ich mich vielleicht – im besten Fall kann das den Betroffenen dann helfen, ihre Wut loszulassen, weil ihr Leiden gesehen wird und sie verzeihen können. Dann ist der soziale Frieden wiederhergestellt und im besten Fall haben diejenigen etwas gelernt, die etwas falsch gemacht haben. Aus welcher Perspektive wir Ungerechtigkeit sehen, hat also Konsequenzen dafür, wie sich die Wut auswirkt, die wir empfinden. Wir stellen ganz andere Forderungen und verhalten uns ganz unterschiedlich.

Wenn ihr also Mitgefühl mit den *MAPA* oder marginalisierten Menschen unserer Gesellschaft oder den anderen Lebewesen auf unserem Planeten empfindet und deswegen wütend seid, weil Politik und Wirtschaft nicht ausreichend handeln – dann nehmt eure Klimawut ins Gepäck und setzt euch dafür ein, dass sie Gerechtigkeit bekommen: Klimagerechtigkeit. Sprecht mit den Verantwortlichen, unterschreibt Petitionen, geht demonstrieren – lasst sie eure Stimme hören. So nutzen wir Wut konstruktiv.

Klimaschuld und Klimascham

Schuld und Scham sind zwei Beispiele für soziale Gefühle – sie hängen nämlich von den Konventionen ab. In manchen Gesellschaften ist es total normal, (fast) nackt durch die Gegend zu laufen, bei uns ist das nur in Bikini/Badehose im Schwimmbad oder am Strand üblich. Wenn ich also sagen würde, »hey, lasst uns mal nackt shoppen gehen«, dann würden die Leute mich für verrückt erklären. Und ginge ich wirklich im Bikini in die Einkaufsstraße, würde ich mich dabei wahrscheinlich ziemlich schämen. Genauso ist es bei Schuld – auch die hängt davon ab, was in einer Gesellschaft in Ordnung ist und was nicht.

Wobei Gesellschaft hier vielleicht zu weit gegriffen ist – es gibt nämlich auch Konventionen, die je nach Familie, Stadt, Region oder anderer Gruppe von Menschen unterschiedlich sind. Am Ende geht es also bei diesen sozialen Gefühlen immer darum, ob ich mich an die Regeln meiner aktuellen Bezugsgruppe halte.

Bei der Klimakrise gibt es leider einiges Potenzial, sich unzulänglich zu fühlen, weil man soziale Übereinstimmungen überschritten hat: Bei zu viel klimaschützendem Verhalten (im Vergleich zu anderen), bei zu viel klimaschädlichem Verhalten – da allen seinen Bezugsgruppen zu entsprechen und gleichzeitig der eigenen Überzeugung, ist wirklich schwer. Wir verstricken uns deswegen gerne, um vom eigenen Schuldgefühl abzulenken, in *Whataboutism*-Debatten und zeigen mit den Fingern auf andere, schieben die Verantwortung hin und her und machen uns gegenseitig Schuldgefühle.

Klimaschuld hängt eng mit Verantwortung zusammen, genauso wie die Klimawut. Für welchen Teil der Emissionen und der globalen Ungerechtigkeit fühlt man sich ursächlich verantwortlich und dementsprechend auch schuldig?

In einigen der Klimagesprächsrunden, die ich moderiert habe, war auch die gefühlte Schuld ein Thema. Vor allem Menschen der aktuellen Eltern- und Großelterngeneration fühlen sich häufiger so, als ob sie es verbockt hätten. Sie wissen seit Jahrzehnten, was das Problem ist, haben es aber nicht geschafft, das Ruder rumzureißen. Viele haben einfach den Lebensstil und Wohlstand genossen, der ihnen durch unsere Gesellschaft möglich geworden ist – und der ja auch irgendwie von ihnen eingefordert wurde (darüber spreche ich später nochmal). In einem Gesprächskreis hatte ich mal eine ältere Dame sitzen, die sich sehr gegrämt und selbst verurteilt hat. Eine jüngere Aktivistin, die auch mit in der Runde saß, hat das aufgegriffen und sie vor ihr selbst verteidigt. Das war ein wunderschöner Moment. Wenn Menschen sich als Menschen begegnen, ist sowas möglich.

Es bringt nichts, sich schuldig zu fühlen für Dinge, derer man sich zum Beispiel nicht bewusst war – die man einfach nicht hinterfragt hat oder hinterfragen konnte. Starke Schuldgefühle haben aber manchmal auch etwas mit dem Bedürfnis nach Kontrolle zu tun. Wenn ich mich für etwas schuldig fühle, dann steckt da der Anspruch drin, dass ich es anders hätte machen müssen – und auch, dass ich es anders hätte machen können. Wie ich schon beschrieben habe, gibt es viele Faktoren, die dazu führen, dass wir nur sehr begrenzt aus den klimaschädigenden Strukturen ausbrechen können, in denen wir leben. Unser Handlungsspielraum als Individuum ist begrenzt. Wir müssen uns mit anderen zusammentun, um etwas bewegen zu können, und dafür kann der erste Schritt sein, dass wir unsere Verantwortung anerkennen und vielleicht auch Schuldgefühle uns einen Anstoß geben, etwas zu tun. So zeigen wir Reue – gestehen uns ein, dass wir es verbockt haben – und leisten Wiedergutmachung.

In den letzten Jahren gab es große Debatten über *Flugscham*. Ich will mich jetzt hier nicht darüber auslassen, ob es nötig ist, dass wir auf Flüge verzichten und welche Art von Flügen aus naturwissenschaftlicher Sicht ok sind oder nicht. Ich finde es spannender, den Scham-Anteil daran mal anzugucken – der ist nämlich auch abhängig von den Normen der Bezugsgruppe (die sich ja zum Glück auch ändern können).

Scham ist ein Gefühl, das viel mit dem Bedürfnis nach Bindung und Zugehörigkeit zu tun hat. Sie ist im Endeffekt eine Art Angst vor einem Beziehungsabbruch: Wenn ich *so* bin, dann habe ich meine Daseinsberechtigung verwirkt, dann können die anderen mich ja gar nicht mehr mögen. Ich bin als ganze Person einfach verachtenswert geworden – im Gegensatz zur Schuld, in der der Fokus eher auf einem bestimmten Verhalten liegt. Ich bin es nicht wert, ich werde ausgeschlossen und sterbe einsam und allein. Das ist das, was die Scham uns erzählt. Und da zeigt sich, wie sehr wir Menschen Gruppenwesen sind.

Es gibt bestimmt Leute, die meinen, man hätte seine Daseinsberechtigung verloren, wenn man fliegt, und gehört für immer ausgeschlossen – aber so extrem sind die wenigsten. Deswegen ist Schuld vielleicht der bessere Ausdruck für das, was wir fühlen, wenn wir fliegen und gleichzeitig klimabewusste Menschen sind. Eigentlich müsste es also *Flugschuld* heißen. Es geht ja um ein klimatechnisches Fehlverhalten, nicht darum, dass wir als ganzer Mensch untragbar sind.

So oder so stellt sich die Frage, wie man die Reue über Flugschuld konkret umsetzen soll. Was mache ich mit der Erkenntnis, dass es nicht ok war, zu fliegen? Ausgleichszertifikate sind bestimmt eine gute Lösung bei Flügen, die man nicht vermeiden kann, zum Beispiel weil der Chef sie uns vorschreibt und wir sonst den Job verlieren würden. Vielleicht wäre es da aber auch konsequent, eine unternehmensinterne Debatte darüber anzustoßen – oder notfalls den Job zu wechseln. Das mag jetzt krass klingen, aber die Frage ist ja, wie weit man die eigene Verantwortung in Bezug auf das Klima fasst und inwieweit man bereit ist, nach diesen Werten zu handeln, und das auch braucht, um mit den Gefühlen umzugehen. Wenn man solche Dinge diskutiert – und damit nicht die*der Einzige bleibt –, dann könnte man auch in der Wirtschaft etwas verändern. Disruption öffnet Veränderungsfenster. Seid die konstruktive Disruption. Das sind wir dem Klima – unseren Lebensgrundlagen – schuldig!

»Positive« Gefühle in der Klimakrise?

Ich habe entgeisterte Gesichter vor meinem inneren Auge, fragende Blicke. Was sollen wir denn der Klimakrise Gutes abgewinnen? Sollen wir jetzt etwa doch verdrängen oder uns den ganzen Mist schönreden?

Ganz sicher nicht.

Ich habe viele unangenehme Gefühle vorgestellt und kann nicht mal behaupten, ich hätte das Beste bis zum Schluss aufgehoben, weil unangenehme Klimagefühle uns sehr wichtige Botschaften vermitteln. Ohne sie würden wir den Arsch vermutlich nicht hochkriegen. Aber sie haben ein paar mächtige Freunde mit im Team, die durchaus angenehmer sind: die »positiven« Klimagefühle. So am Rande: Ich finde es schwer, von »positiven« und »negativen« Gefühlen zu schreiben, weil alle Gefühle einen guten Grund und ihre Berechtigung haben. Kein Licht ohne Schatten und umgekehrt. Eigentlich sind alle Gefühle positiv. Aber in der Forschung ist der Begriff *positive Emotionen* einfach üblich, deswegen nenne ich die angenehmen Gefühle hier auch so, zumindest mit Anführungszeichen.

Hoffnung

Häufig wünschen sich die Leute, dass sie in Bezug auf die Klimakrise irgendwoher Hoffnung nehmen könnten. Aber Hoffnung ist ein zweischneidiges Schwert.

Ohne Hoffnung geht es nicht. Hoffnungslosigkeit macht uns Menschen depressiv: Wenn alles schlimm ist, brauchen wir eine grundsätzliche Aussicht darauf, dass es zumindest wieder besser werden könnte. Das kann ein Antrieb sein, etwas zu tun, damit es auch tatsächlich besser wird. Andererseits kann Hoffnung auch wie eine Beruhigungspille wirken – wird schon gut gehen.

Wie wir mit Hoffnung umgehen, hängt davon ab, worauf wir unsere Hoffnung richten. Macht es uns Hoffnung, dass es keine Klimakrise gibt, weil wir sie einfach leugnen? Hoffen wir darauf, dass jemand anders die Krise für uns lösen wird? Dann werden wir inaktiv. Auf diese Gefahr hat Greta Thunberg in ihrer Rede in Davos 2019 hingewiesen. Wenn wir naive Hoffnung darauf haben, dass dieser oder jener Gipfel oder dieses oder jenes Gesetz die endgültige Lösung bringt, dann führt uns die Hoffnung in die Irre – bis sie enttäuscht wird und wir wieder abstürzen. Das kann ich echt nicht empfehlen. Das ist der Klimabewegung schon einmal passiert. Als ich im September 2009 zur Klimaaktivistin geworden bin, stand die Klimakonferenz in Kopenhagen bevor. Alle Hoffnungen richteten sich darauf, dass diese Konferenz ein Abkommen mit sich bringen wird. Diese Hoffnung wurde enttäuscht und die Klimabewegung stürzte in ein tiefes Loch, aus dem sie sich erst 2015 zur Klimakonferenz in Paris rausgezogen und 2018 mit dem Start der *Fridays for Future* so richtig erholt hat. Einen solchen Einbruch können wir uns allein schon deswegen nicht mehr erlauben, weil die Zeit so drängt. Es gibt aber auch aktive, *konstruktive Hoffnung* – ich nenne sie lieber Zuversicht –, dass wir das ganze Ding noch wuppen können, wenn wir aktiv werden. Dazu ist es wichtig, sich mit den Lösungen, positiven Entwicklungen und den erreichten Zwischenzielen zu beschäftigen. Zuversicht ist die Hoffnung, dass ich mit meinem Handeln Teil der Lösung sein kann. Sie gibt uns die Motivation, etwas zu tun. Hoffnung muss aktiv sein, sonst kommen wir langfristig mit ihr nicht weiter. Es ist außerdem eine wichtige Dimension von konstruktiver Hoffnung, dass wir darauf vertrauen, dass andere ihren Teil beitragen – und wir sie notfalls (das ist dann aber eher die Aufgabe von Klimawut) daran erinnern. Schließlich können wir die Klimakrise nicht alleine aufhalten. Die konstruktive Hoffnung sagt: Zusammen können wir es schaffen und ich bin ein wichtiger Teil davon.

Humor

Humor ist ja bekanntlich Geschmackssache. Das zeigt sich auch beim Klima: Manchen bleibt beim Gedanken an die Klimakrise das Lachen im Hals stecken, anderen hilft der humorvolle Umgang damit, die Fakten überhaupt auszuhalten und an sich ranzulassen. Wann und wie viel Humor ein Problembewusstsein fördern kann oder der Quelle Glaubwürdigkeit entzieht, hängt natürlich einerseits von der Art des Humors ab, aber andererseits auch ziemlich vom Publikum.

Schwarzer Humor kommt in wissenschaftlichen Fachveröffentlichungen nicht so gut an, aber ich freue mich, wenn Comedians zum Beispiel mit Veranstaltungen wie von *Comedy for Future* das Thema leichter verdaulich in die Breite tragen.[33] Memes und Cartoons lassen sich einfacher und schneller verbreiten als ein 20-seitiger wissenschaftlicher Fachartikel – und den verstehen dann auch noch weniger Leute, weil er mit Fachwörtern gespickt ist. Die grundsätzlichen Botschaften beim Klima sind aber gar nicht so kompliziert: Unsere Lebensgrundlagen sind bedroht, wir stecken echt bis zur Nase in der Sch*** und wir müssen schnell handeln, um uns da wieder rauszuholen und Schlimmeres zu verhindern. Dafür braucht man manchmal nur ein Bild.

Initiativen wie *Humor hilft Heilen* zeigen, dass Humor gut für unsere Gesundheit ist und uns hilft, schwere Situationen erträglicher zu machen.[34] Psyche und Körper hängen eben eng miteinander zusammen. In diesem Sinne: Lasst uns die Nachhaltigkeitskrisen ernstnehmen, aber sie gleichzeitig immer mal mit Humor erträglicher machen, wenn es nötig und sinnvoll ist. So wie die Hofnarren, die die Herrschenden kritisieren durften, einfach, weil es mit Humor leichter zu nehmen ist.

Stolz

Stolz ist ebenfalls ein ziemlich mächtiger Motivator. Wenn wir uns vorstellen, wie stolz wir sein werden, wenn wir etwas Gutes getan haben, dann ist das weit motivierender, als wenn wir versuchen, Schuldgefühle zu vermeiden, die durchs Nichtstun entstehen. In der Marketingforschung nennt man das manchmal *Warm glow* – so ein warmes inneres Leuchten, wenn man sich vorstellt, dass man etwas Gutes tut (Spenden zum Beispiel) oder nachdem man es getan hat, quasi als körpereigene Belohnung. Wie fühlt sich Stolz für euch an? Ein warmes inneres Leuchten passt für mich als Beschreibung jedenfalls schon ganz gut.

Wo wir beim Gutes tun und sich deswegen gut fühlen sind – angenehme Gefühle wie Freude und Stolz können uns nicht nur motivieren, aktiv zu werden, sie helfen auch, dran zu bleiben.

Wenn man ehrenamtlich Aktive fragt, warum sie sich in einer Bewegung engagieren, dann antworten sie oft, dass sie es tun, weil es ihnen Spaß macht, mit Gleichgesinnten zusammen etwas zu bewegen. Es ist einfach schön, wenn man sich von anderen verstanden fühlt und zusammen coole Projekte auf die Beine stellt. Da entstehen Freundschaften. Engagement kann eine Quelle für Sinn und Lebenszufriedenheit sein, das zeigt auch die Forschung. Klar – das kann man auch auf der Arbeit erleben oder im Kleingartenverein, aber eben auch in sozialen Bewegungen oder der Nachhaltigkeitsbewegung.

Jetzt könnte man ganz überkritisch anmerken: »Aha! Die machen das also nur, weil es sich für sie gut anfühlt, es geht also um sie und gar nicht ums Klima!« Die Gründe, die Menschen für ihr Engagement benennen, sprechen eine andere Sprache – ein paar Stimmen dazu findet ihr zum Beispiel in der Folge zu politischem Engagement in unserem *Psychologists-for-Future-*Podcast »Klima im Kopf«.[35] Ganz davon abgesehen bringt Engagement auch einige unangenehmen Aspekte mit sich – darauf gehe ich in Kapitel 5 noch genauer ein. Allein, um denen die Waage zu halten, sind die angenehmen Klimagefühle unverzichtbare Verbündete.

Aber mal grundsätzlich: Ich finde es auch gerecht und evolutionär sinnvoll, dass sich Gutes tun gut anfühlen darf. Feiern wir die schönen Momente!

Kapitel 3
Wohin mit all den Gefühlen?

Jetzt habt ihr das ganze Team der Klimagefühle kennengelernt – sie alle spielen eine wichtige Rolle dabei, uns für individuelle und gesellschaftliche Veränderungen zu mehr Nachhaltigkeit zu motivieren. Aber was machen wir mit diesen Gefühlen? Wie können wir sie in Handlung übersetzen und mit ihnen umgehen, wenn sie uns zu überfluten scheinen?

Dazu sei nochmal gesagt, weil ich es einfach nicht oft genug sagen kann: Das Problem an der Klimakrise sind nicht unsere Klimagefühle, sondern die Klimakrise.

Das Problem an den Klima*gefühlen* sind eigentlich auch nicht die Gefühle, sondern die Frage, wie wir mit ihnen umgehen. Unangenehme Gefühle sind ja erstmal nur ein im Gehirn ablaufender Prozess, der das Herz schneller schlagen lässt, die Atmung beschleunigt und viele weitere solcher Effekte – also eine Stressreaktion – auslöst. Damit einher gehen bestimmte Gedanken, ein Körpergefühl und ein Verhaltensimpuls. Bei Trauer drehen sich unsere Gedanken um das, was wir verloren haben, wir ziehen uns zurück oder suchen Trost und haben den sprichwörtlichen Kloß im Hals. Wenn wir Angst haben, dann macht uns das vielleicht Druck auf der Brust, wir wollen am liebsten die Situation vermeiden und die Gedanken fokussieren sich auf die Bedrohung. Bei Wut wird uns heiß, wir wechseln in den Angriffsmodus, werden laut und vehement.

Ich habe es im letzten Kapitel schon angedeutet: Menschen finden viele kreative Möglichkeiten, mit Gefühlen und Stress umzugehen. Manche sind langfristig mehr, manche weniger hilfreich. Drogen zum Beispiel würde ich echt nicht empfehlen, auch wenn sie sehr effektiv angenehme Zustände auslösen können (hab' ich gehört).

Auf all den Ebenen einer Emotion – Gedanken, Körper, Verhalten – kann bei der Verarbeitung etwas schief gehen. Die Situation und das Gefühl können zu viel werden und dann hängt man vielleicht in gedanklichen Grübelschleifen fest, das Klima bereitet ganz wortwörtlich Kopfschmerzen oder man arbeitet sich in ein *Activist Burnout* rein (dazu mehr in Kapitel 5). Ständiger Stress durch den Klimawandel, die Sorge um die eigene Zukunft oder die unserer Kinder sind weitere Stressoren im Alltag. Es ist ja nicht so, dass wir mit Krieg, Pandemien, Job, Kindererziehung, finanziellen Sorgen oder Haushalt nicht schon genug um die Ohren hätten. Das Klima kann der Tropfen sein, der das Fass zum Überlaufen bringt. Das hängt sehr davon ab, wie gut man Gefühle und Stress regulieren kann und wie viele Ressourcen man als Ausgleich hat.

Wie wir mit Gefühlen umgehen

Es kann überwältigend und frustrierend sein, sich mit der Klimarealität und den eigenen beschränkten Handlungsmöglichkeiten zu beschäftigen. Da kann ich nachvollziehen, warum das Gehirn so viele ausgeklügelte Vermeidungs- und Verdrängungsmechanismen entworfen hat. Im Gegensatz zum unangenehmen Gespräch mit der Arbeitskollegin, das man vielleicht noch vermeiden kann, geht die Klimakrise ja leider nicht weg, wenn wir sie ignorieren. Kopf in den Sand geht also nicht.

In der Psychologie gibt es ein sehr oft verwendetes Modell, mit dem man die Entstehung und den Umgang mit Stress und Gefühlen erklärt. Es heißt *transaktionales Stressmodell* und wurde von Richard Lazarus in den 1980er-Jahren aufgestellt. Die zentrale Aussage von Lazarus ist, dass Stress eigentlich nicht durch eine Situation an sich ausgelöst wird, sondern durch unsere Bewertung der Situation. Das klingt recht simpel, aber wenn man sich mal wirklich darauf einlässt, was das bedeutet, finde ich es wirklich *mindblowing*.

Schauen wir uns einmal an, wie unser Gehirn Situationen verarbeitet. Bevor ein Gefühl aufploppt, passieren da nämlich jede Menge Dinge, die uns gar nicht bewusst sind. Erstmal läuft jede Situation, jeder Reiz von außen durch einen Wahrnehmungsfilter. Ich hatte das in Kapitel 1 schon mal angesprochen: Unsere Wahrnehmung ist extrem selektiv. Unser Gehirn filtert ständig Tausende Reize, die auf uns einprasseln, zum Beispiel die Berührungsreize von den Klamotten auf unserer Haut. Nur manche davon werden tatsächlich verarbeitet, weil sie als relevant eingestuft werden. Ob der Hosenknopf den Bauch berührt, ist meistens nicht besonders relevant für unser Leben, deswegen spüren wir ihn nicht ständig bewusst, auch wenn er natürlich trotzdem weiter da ist (jetzt spürt ihr ihn gerade, oder?).

Gehen wir für das Beispiel mal davon aus, dass euer Fernseher oder Laptop gerade läuft und ihr einen Bericht über den IPCC-Report seht. Wenn ihr nebenbei in der Küche steht und besprecht, was es zum Abendessen geben soll, dann hört euer Ohr vielleicht die Geräusche aus dem Wohnzimmer, aber sie werden nicht weiter bewusst verarbeitet, weil sie gerade nicht so relevant sind wie das Gespräch. Wenn ihr aber vor dem Gerät sitzt und mit voller Aufmerksamkeit auf den Bildschirm schaut, ist es relativ wahrscheinlich, dass die Informationen verarbeitet werden.

Man kann sich die menschliche Aufmerksamkeit ein bisschen vorstellen wie den Lichtkegel einer Taschenlampe in einem dunklen Raum. Der Teil, auf den wir die Aufmerksamkeit (das Licht) richten, den nehmen wir wahr, der Rest wird ausgeblendet. Das heißt, wir können bewusst steuern, mit welchen Reizen wir uns beschäftigen. Manche Reize werden auch durch körperliche Vorgänge ins Zentrum gerückt. Man denke an die sich füllende Blase – irgendwann tut sie weh und dann fällt es schwer, sie auszublenden, ansonsten funktioniert das aber hervorragend. Auch der drückende Knopf an der Hose fällt manchmal einfach mehr auf, zum Beispiel, wenn man gut gegessen hat und der Bauch gerne mehr Platz hätte.

Nachdem etwas unsere Aufmerksamkeit auf sich gezogen hat und im vollen Licht der Taschenlampe erstrahlt, folgt die Bewertung der Informationen in zwei Schritten, die extrem schnell und meistens unbewusst ablaufen. Erst bewerten wir, ob die Situation für uns gefährlich, ungefährlich oder neutral ist. Wenn sie neutral oder ungefährlich ist, dann gibt es keinen Grund, eine körperlich aktivierende Stressreaktion und starke Gefühle auszulösen. Da ihr dieses Buch lest, gehe ich aber mal davon aus, dass ihr die Klimakrise als eine potenziell bedrohliche Situation einstufen würdet.

Weiter geht es mit Bewertungsstufe Nummer zwei: Habe ich genug Ressourcen, um mit dem Problem fertig zu werden? Wenn ja, dann fällt der Stress eher gering aus. Manchmal produziert unser Körper in solchen handhabbaren Situationen auch positiven Stress, *Eustress*, der uns die Kraft gibt, mit der Problemlösung anzufangen – Motivation. Stress, die Ausschüttung von Adrenalin, Noradrenalin und Cortisol auf der körperlichen Ebene, gibt uns nämlich Energie, etwas zu tun. Stress aktiviert uns körperlich – die Muskelspannung steigt, die Aufmerksamkeit fokussiert sich, Atmung und Herzschlag werden schneller, der Blutdruck steigt und vieles mehr.

Öffne ich zum Beispiel morgens in der Arbeit meinen E-Mail-Posteingang und sehe 100 ungelesene Nachrichten, dann stresst mich das vielleicht im ersten Bewertungsschritt, weil da potenziell viel Arbeit drinsteckt. Wenn ich aber im zweiten Schritt feststelle, dass 50 davon nur freudige Glückwünsche für eine Kollegin sind, die gerade Mama geworden ist, und sich 20 weitere Nachrichten um ein Meeting drehen, an dem ich gar nicht teilnehme, weil ich da im Urlaub sein werde, dann sinkt mein Stresslevel wieder, weil ich davon ausgehe, dass zur Bearbeitung der übrig gebliebenen Nachrichten die Zeit, die ich habe, ausreicht. Dann kann der leichte Stress anregen und aktivieren, weil die Herausforderung, all die Nachrichten vor dem nächsten Meeting zu lesen, zwar bevorsteht, mir aber handhabbar erscheint.

Wenn man umgekehrt aber zu dem Ergebnis kommt, dass man nicht ausreichend Ressourcen hat, um mit dem Problem fertig zu werden, dann gibt es negativen Stress, *Distress*. Oft kommen dazu auch unangenehme Gefühle, die durch die Art der Bewertung in Gedanken entstehen. Denke ich also, dass die Situation bedrohlich ist, dann habe ich Angst, denke ich, dass die Situation ungerecht ist, dann empfinde ich Wut, werde ich mit einem Verlust konfrontiert, dann kommt die Trauer.

Zurück zum Klima: Ihr seht also den Bericht über den IPCC-Report, bewertet die Situation als bedrohlich und die Handlung der Politik als nicht ausreichend, stellt auch fest, dass ihr das Problem nicht mal eben alleine lösen könnt und entwickelt dann Stress, bekommt Angst und werdet gleichzeitig wütend. An dem Beispiel sieht man schon ganz gut, warum eine Situation gleich mehrere Gefühle auslösen kann. Wir sind eben nicht eindimensional.

Ok, die Gefühle sind also da. Im nächsten Schritt können der Stress und die Gefühle (Lazarus spricht übrigens hauptsächlich vom Stress, aber für Gefühle gilt derselbe Prozess) mit *Coping* (Bewältigung) wieder abgebaut werden. Lazarus hat dazu zwei Wege beschrieben: das *emotionsorientierte Coping* und das *problemorientierte Coping.*

Emotionsorientiertes Coping heißt grob gesagt, dass ich nur daran arbeite, mich mit der Situation nicht so schlecht zu fühlen, also an den Gefühlen etwas zu ändern. Das geht super über Verdrängung (den Laptop einfach zuklappen und stattdessen mit dem Bürokollegen quatschen) oder über *kognitive Dissonanzreduktion* (denken, dass die E-Mails ja sowieso alle unnötig sind und meine Zeit dafür viel zu schade ist) oder ein paar der anderen Mechanismen, die ich in Kapitel 1 beschrieben habe. *Emotionsorientiertes Coping* kann aber auch sein, dass man etwas auf der emotionalen Ebene verarbeitet – sozusagen psychisch verdaut.

Diese Art der Gefühlsverarbeitung verstärkt beim Beispiel mit den E-Mails und auch bei der Klimakrise langfristig Probleme, bietet sich aber an, wenn man an der Problemsituation nichts ändern kann oder sie nur eine gewisse Zeit andauert und dann von selbst vorbeigeht, etwa bei Trauerprozessen. Da geht es darum, die Sache auf der emotionalen Ebene zu verarbeiten. Die Verstorbenen lebendig machen können wir ja nicht, aber den Verlust über die Trauer verarbeiten schon. Wie gesagt: Trauer ist der Heilungsschmerz der Seele.

Problemorientiertes Coping heißt, dass ich das Problem bei der Wurzel packe und es zu lösen versuche. Bei den 100 E-Mails im Postfach ist das relativ leicht: Man liest die E-Mails und beantwortet sie, wo nötig. Auch bei der Klimakrise bringt uns *problemorientiertes Coping* weiter, als uns die Situation schönzureden oder sie zu ignorieren, es ist aber zugegebenermaßen nicht so einfach. Die Klimakrise ist ordentlich komplex und hat viele Dimensionen. An manchen Aspekten können wir etwas ändern, an anderen können wir nur mit anderen zusammen etwas ändern, manche Sachen lassen sich relativ schnell umsetzen, manche dauern gefühlte Ewigkeiten. Deswegen reicht es hier nicht, das eine (*emotionsorientiertes Coping*) oder das andere (*problemorientiertes Coping*) zu machen.

Maria Ojala, eine Psychologin und Dozentin an der schwedischen Universität Örebro, hat für den Umgang mit der Klimakrise deswegen eine Kombination aus beidem vorgeschlagen: *meaning-focused Coping.*[36] Sie empfiehlt, die Krise mit Bezug auf die eigenen Werte sowohl auf der Gefühlsebene zu verarbeiten – das ist zum Beispiel wichtig bei *eco grief* und Solastalgie – als auch auf der Problemebene etwas zu verändern. Ein gleichzeitiges Fühlen und Handeln – mal mehr das eine, mal mehr das andere. Dazu gehört, sich darauf zu besinnen, welche Werte man hat und wie das Leben in Krisensituationen einen Sinn haben kann, wie man trotzdem Lebensfreude und einen gesunden Optimismus empfinden kann. Klingt schön und gut, aber wie geht das?

Schauen wir uns an, was man konkret machen kann, wenn das Team Klimagefühle vor der Tür steht und einziehen will. Eigentlich ist die Aufgabe von Emotionen ja, uns handlungsfähig zu machen, nicht handlungsunfähig. Dafür dürfen wir aber nicht bis auf Alarmstufe Rot gekommen sein – im besten Fall schaffen wir es, Gefühle in der goldenen Mitte zwischen »Verdrängung« und »Reinsteigern« zu balancieren. Ohne die Klimawut, ohne den antizipierten Stolz, ohne die Klimaangst und ohne Zuversicht würden wir vermutlich alle entspannt auf dem Sofa sitzen (solltet ihr gerade auf dem Sofa sitzen und dieses Buch lesen, habt bitte kein schlechtes Gewissen – manchmal ist auch das genau der richtige Ort).

Achtung, jetzt wird es sehr psychologisch. Also – das ganze Buch ist psychologisch, aber es wird ein bisschen anders psychologisch.

Als allererstes lohnt es sich, herauszufinden, wie sich Gefühle bei einem selbst am ehesten bemerkbar machen. Bin ich eher ein Kopf-Mensch, bei dem sich die Gefühle in die Gedanken schleichen? Oder ist mein Zugang eher der körperliche und mir sitzt die Angst im Nacken, die Wut im Bauch und die Trauer im Hals? Als Erstes geht es bei Gefühlen also um die Aufmerksamkeit für das Gefühl selbst. Was ist gerade da? Es lohnt sich, da genau hinzufühlen, auch wenn das leider häufig unangenehm ist. Gefühle sind nämlich ein bisschen komplizierter als »Kloß im Hals = Trauer«. Manchmal hat man sich gegenseitig überlagernde oder gleichzeitig auftauchende Gefühle und je besser man sie kennt, desto eher lernt man, die dann auseinanderzudröseln.

Warum sollte man Gefühle auseinanderdröseln? Es geht dabei nicht um eine Nabelschau – die macht im schlimmsten Fall eh nur Nackenstarre. Es geht darum, zu verstehen, welche Bedürfnisse hinter den Gefühlen stehen, denn davon hängt ab, wie man am besten mit den Gefühlen umgeht.

Also: erstens hinfühlen, zweitens akzeptieren, was da ist. Und das ist manchmal echt hart, weil hart unangenehm. In dem Fall hilft es, sich besonders auf das Körpergefühl zu konzentrieren und sich vorzustellen, wie man dem Körpergefühl (also zum Beispiel dem Druck auf der Brust oder dem Kloß im Hals) den Raum gibt, den es braucht. Einfach nur fühlen. Nicht versuchen, auf dem Problem weiter rumzudenken.

Warum nicht weiter darauf rumdenken? Ihr könnt euch Gefühle ein bisschen vorstellen wie ein Lagerfeuer und Gedanken wie das Holz. Wenn man stetig Holz nachlegt, dann brennt das Feuer lustig weiter. Wenn man das Feuer aber runterbrennen lässt, dann wird das Gefühl immer kleiner. Maren Lammers, eine Dozentin in meiner Therapeutinnenausbildung, hat mal gesagt, die unangenehme Spitze vom Gefühl dauert im Schnitt 7 bis 12 Minuten. Danach wird es wieder weniger.

Klingt schön in der Theorie – funktioniert auch, muss man aber häufig erstmal üben. Dabei können Atemübungen unterstützen oder imaginative Techniken – wenn man sich beispielsweise vorstellt, wie ein Lichtstrom in das Gefühl im Körper hineinfließt und es langsam auflöst oder so. Wichtig ist, in dem Moment immer mitfühlend mit sich selbst zu sein – Gefühle sind oft unangenehm, da bringt Strenge oder Ungeduld nichts. Was da ist, ist da.

Wenn das alles nicht hilft und die Gefühle nach einer halben Stunde immer noch genauso stark sind, dann wurden die Gefühle vermutlich aus Versehen doch mit Gedanken gefüttert oder da steckt noch ein biografisches Fass dahinter, das sich gerade geöffnet hat und das Gefühlsfeuer nährt. Dann kann man gegensteuern, indem man dem Gefühlsimpuls *entgegengesetzt handelt.* Wenn euch also die Trauer sagt, dass ihr euch zurückziehen sollt, dann ruft eine gute Freundin an. Wenn euch die Wut sagt, dass ihr jemanden anmotzen solltet, dann verlasst lieber den Raum. Genauso wirken *gegensteuernde Gedanken* – also zu versuchen, nach alternativen Erklärungen und tröstlichen oder beruhigenden Gedanken zu suchen, die das Gefühl ein bisschen abschwächen. Nicht alles, was uns unser Kopf erzählt, ist richtig. Unsere Gedanken haben nicht immer Recht, meistens gibt es auch noch eine andere Perspektive.

Entgegengesetztes Handeln oder Denken hilft übrigens auch, wenn man gerade nicht 7 bis 12 Minuten Zeit hat, um das Gefühl abebben zu lassen. Auf Dauer empfiehlt es sich aber, den Gefühlen auch mal Raum in euch selbst zu geben, damit sie auf der emotionalen Ebene verarbeitet werden können. Das muss man übrigens nicht immer alleine machen: Auch hier ist geteiltes Leid halbes Leid. Vielen Leuten hilft es, mit anderen über ihre Klimagefühle zu sprechen und sich verstanden zu fühlen.

Wenn das schlimmste Lodern des Gefühls vorbei ist, dann geht es weiter mit dem dritten Schritt: Überlegen, welches Bedürfnis hinter dem Gefühl steckt. Geht es dir um Gerechtigkeit? Brauchst du Trost? Fehlt dir vielleicht Sicherheit und ein Gefühl von Kontrolle? Im Falle von angenehmen Gefühlen: Was ist gerade richtig gut gelaufen und wovon willst du in Zukunft demnach mehr in deinem Leben? Man möchte meinen, das eigene Bedürfnis wäre von Anfang an klar, aber das stimmt oft gar nicht. Wenn sich verschiedene Gefühle überlagern, ist der Handlungsimpuls, den uns ein Gefühl gibt, dem dahinterstehenden Bedürfnis manchmal sogar entgegengesetzt. Genaues Hinschauen lohnt sich!

Sind die Bedürfnisse erkannt, kommt Schritt vier: sich für das Bedürfnis einsetzen. Manchmal geht das sofort – zum Beispiel, wenn man jemandem, der einen doof anredet, sagt, dass man so nicht behandelt werden will. Manchmal geht das aber auch nur mit mehreren Schritten und zeitverzögert. Dann lohnt es sich, zumindest den ersten Schritt direkt in Angriff zu nehmen. Wenn ich also zum Beispiel wütend bin, weil die Politik mal wieder eine total bescheuerte Entscheidung in Bezug auf das Klima getroffen hat, dann kann ich im ersten Schritt recherchieren, wer mein*e aktuelle*r Bundestagsabgeordnete*r ist, und diese Person um einen Termin in der Bürgersprechstunde bitten. Natürlich ist davon das Klima noch nicht gerettet, aber ich habe einen Schritt gemacht, der zur Lösung beiträgt und mir selbst Handlungsspielraum eröffnet.

Bedürfnisse aushandeln

Wenn man sich für die Erfüllung der eigenen Bedürfnisse einsetzt, dann gibt es da meist einen Haken, mit dem man rechnen muss: Ich lebe nicht allein auf diesem Planeten und es dreht sich nicht alles um mich.

Naturgemäß passiert es des Öfteren, dass ich ein anderes Bedürfnis habe als die Menschen, mit denen ich gerade Zeit verbringe. Es ist hilfreich, wenn man sich in dieser Situation klarmacht, dass man kein Anrecht darauf hat, dass andere Leute entsprechend der eigenen Bedürfnisse handeln. Wir haben ein Recht auf unser Gefühl, aber kein Recht darauf, dass andere das tun, was wir von ihnen wollen. Zumindest meistens nicht.

In Beziehungen auf Augenhöhe – also zum Beispiel mit der Partner*in oder Freund*innen – ist das also immer ein Aushandlungsprozess. Dafür müssen wir miteinander reden. Ich sag denen, was ich will, die sagen mir, was sie wollen, und dann müssen wir schauen, was wir damit machen und wie wir einen Kompromiss oder eine Lösung finden.

Meine Erfahrung in der Arbeit mit Paaren ist, dass sie sich manchmal für die Stimmung der anderen Person verantwortlich fühlen oder der Meinung sind, dass der*die Partner*in ihre Stimmung für sie retten muss. Das stimmt nicht: Ihre eigenen Gefühle sind ihre eigene Verantwortung. Bei der Klimakrise ist es genauso. Vielen hilft es, wenn sie über ihre Klimagefühle sprechen und auch über die Wünsche und Bedürfnisse, die dahinterstecken. Es ist aber ein riesiger Fehler, andere Leute als Blitzableiter für die eigenen Klimagefühle zu benutzen. Da kommt meistens nichts Gutes bei rum.

Wenn man zu öffentlichen Terminen mit Politiker*innen geht und sie anpöbelt, dann ändern die Angepöbelten danach meistens nicht als Reaktion ihre Politik. Es fördert auch nicht das gegenseitige Verständnis und die Weiterentwicklung, wenn wir einander anschreien. Es führt eher dazu, dass beim Gegenüber die Abwehr hochfährt. Mit Nachbar*innen, Bekannten, Freund*innen und der Familie ist es genauso. Es bringt wenig, wenn Menschen die Angst und Empörung, die sie im Bezug auf die Klimapolitik spüren, an anderen auslassen. Die anderen sind nämlich oft an einem ganz anderen Punkt in ihrem Erkenntnisprozess oder gerade einfach in einer ganz anderen Stimmung, wenn das Gewitter an Klimagefühlen, Schuldvorwürfen und Forderungen über sie hereinbricht.

Für Gespräche über die Klimakrise ist es also wichtig, andere Leute nicht als Blitzableiter für Klimaangst oder Klimawut zu benutzen. Auch hier empfiehlt es sich, das Gefühlsfeuer erstmal runterbrennen zu lassen und dann zu überlegen, wie die Person am besten angesprochen und überzeugt werden kann. Wann ist der richtige Moment, um das Thema anzusprechen? Es braucht Ruhe, Zeit und die Bereitschaft für das Thema, um gute Gespräche über die Klimakrise führen zu können.

Gerade für Dialoge, bei denen die Gesprächspartner*innen unterschiedlicher Meinung sind, ist es essenziell, die Bedürfnisse der anderen Person zu verstehen. Auch wenn eure Nachbarin ihre Kinder zum Beispiel mit dem SUV zum Kindergarten fährt, ihr dagegen mit dem Lastenrad kommt und gerne mehr Fahrradparkplätze vor dem Kindergarten hättet, geht es euch beiden vielleicht unter der Oberfläche jeweils um die Sicherheit und Zukunft eurer Kinder. Ihr übersetzt dieses Bedürfnis nur in unterschiedliche Handlungen. Wenn aber nicht nur diese Handlungen, sondern die zugrunde liegenden Werte und Bedürfnisse klar sind, lassen sich viel einfacher Lösungen finden.

Ein guter Weg, konstruktive Klimagespräche zu führen, geht also über zugrunde liegende Werte: Was könnte ein Grund sein, warum das Klimathema relevant für mein Gegenüber ist? Wenn man hierauf keine Antwort hat oder im Verlauf des Gesprächs merkt, dass man danebengelegen hat, dann geht es bei Gesprächen über das Klima und auch über Klimagefühle erstmal ums Fragenstellen und Zuhören.

So ein Gespräch lässt sich nur führen, wenn man sich vorher so weit reguliert hat, dass man mit einer Haltung von Neugier und Wohlwollen für den anderen das Gespräch führen kann. In dieser Atmosphäre sprechen Menschen gern – und vielleicht reagiert das Gegenüber dann genauso wohlwollend und mit Neugier für eure Bedürfnisse.

Politiker*innen sind auch nur Menschen

Hier will ich mal kurz abschwenken in die Welt der Aktivist*innen und Politiker*innen. Denn die finden sich besonders oft in solchen Gesprächssituationen wieder und das geht nicht selten schief. Für Gespräche mit Politiker*innen gelten eigentlich dieselben Regeln wie für Gespräche mit meiner Oma, denn (jetzt kommt's): Politiker*innen sind auch nur Menschen. Oft braucht es mindestens ein Kennenlerngespräch und eine erste Vertrauensbasis, damit bei anschließenden Gesprächen Inhalte wirklich tiefergehend besprochen werden können.

Es hat einen Grund, dass Lobbyist*innen mit Politiker*innen Beziehungen aufbauen, sie zum Essen einladen und so weiter. Menschen, die wir mögen, schenken wir viel lieber unsere Aufmerksamkeit, denen wollen wir auch eher was zurückgeben. Ich will damit nicht sagen, dass ihr Politiker*innen zum Essen oder in den Urlaub einladen sollt – das finde ich ehrlich gesagt manipulativ. Es reicht, sich einfach klarzumachen, dass man eine Kennenlernphase braucht, um gute Gespräche mit Politiker*innen zu führen.

Es lohnt sich außerdem, die eigenen Einflussgrenzen und den Handlungsrahmen des Gegenübers ehrlich zu betrachten. Wir schweben nicht als Heilige in diese Gespräche und ändern mit ein paar Worten die gesamte Lebensrealität des Gegenübers. Gerade Politiker*innen sind in Strukturen eingebunden, die wir mit Gesprächen nicht beeinflussen können. Alle Menschen, ob Bundestagsabgeordnete, Nachbar oder Oma, leben in einem eigenen Bezugsrahmen und können selbst nach einem »lebensverändernden« Gespräch nicht sofort jeden Aspekt ihres Lebens umschmeißen (mal ganz abgesehen davon, ob sie das denn wollen). Ich spreche hier von Machtdynamiken, Investitionszyklen, Infrastruktur und vielem mehr, das neben dem Gespräch auch noch einen Einfluss auf den Handlungs- und Entscheidungsspielraum, aber auch auf die Handlungsbereitschaft von Entscheidungsträger*innen hat. Man darf da ruhig ein bisschen nachsichtig mit sich und anderen sein.

Ich will aber auch nicht zu pessimistisch oder zu anspruchslos klingen: Wir sind der Souverän dieses Landes und wir haben das Recht (und irgendwo auch die Pflicht), zu sagen, was wir uns von unseren Repräsentant*innen wünschen.

Mir hilft es, mich ab und zu in die Lage von Politiker*innen einzufühlen. Der*die 08/15-Abgeordnete hat einen ziemlich anstrengenden Job. Die hetzen von einem Termin zum nächsten und müssen, halbwegs durch ihre Kolleg*innen und Interessenvertreter*innen informiert, wirklich weitreichende Entscheidungen treffen.

Zwischen 2014 und 2019 habe ich mich für eine Reform des Psychotherapeutengesetzes und der Psychotherapeut*innenausbildung eingesetzt und dabei viel darüber gelernt, wie unsere Gesetzgebung funktioniert. Richtig schockierend fand ich dabei die Einblicke in die Arbeitszeiten der Politik. Einmal verzögerte sich eine Abstimmung im Bundestag von einer geplanten Abstimmung gegen 20 Uhr auf eine Abstimmung kurz vor Mitternacht, weil die Debatten für andere Themen vorher so lange gedauert haben. Der Sitzungstag war am folgenden Tag um 3 Uhr morgens vorbei. Um 9 Uhr war der Beginn für den nächsten Sitzungstag angedacht. Das ist doch verrückt! Irgendwann muss man ja auch schlafen. Klar kann man mal eine Nacht mit vier Stunden Schlaf überstehen, aber doch nicht eine ganze Woche und das alle zwei Wochen für mindestens vier Jahre. Wer soll denn das durchhalten und dabei noch geistig anwesend genug sein für komplexe Entscheidungen? Die Anforderungen an Politiker*innen sind zum Teil einfach extrem hoch – und am Ende ist alles, was entschieden wird, in einer Demokratie ein Kompromiss (zumindest der Regierungsparteien). Keiner ist ganz zufrieden. Im Nachhinein wirst du von allen Seiten kritisiert. Klingt nach ordentlich Stress, oder? Ich glaube, das ist ein Grund, warum der Job so gut bezahlt ist. Dass andere Jobs, die ebenso wenig Schlaf zulassen und genauso stressig sind, oft noch schlechter bezahlt sind, ist selbstredend ein Skandal. Da brauchen wir im doppelten Sinne eine wachere Politik.

Ich bin überzeugt, dass viele unserer politischen Vertreter*innen viel Herzblut in ihren Job stecken. Zumindest die, die ich im gesundheitspolitischen Bereich kennenlernen durfte, sind so. Natürlich gibt es auch unter Politiker*innen schwarze Schafe. Es gibt vieles, was man an den Entscheidungen und teilweise auch an den Politiker*innen persönlich kritisieren kann – Maskendeals in der Coronapandemie lassen grüßen. Trotzdem hilft es, sich auch die andere Seite anzuschauen und mit Einfühlungsvermögen in die Gespräche mit Politiker*innen zu gehen. Das ist zumindest meine Erfahrung.

Wann wird es »behandlungsbedürftig«?

Zurück zu den Klimagefühlen. Viele Leute erzählen uns in den Klimagefühle-Gesprächskreisen bei den *Psychologists for Future*, dass es ihnen guttut, sich in der Klimabewegung zu engagieren. Man tut nicht nur etwas fürs Klima, man fühlt sich auch wirksamer, als wenn man Einzelkämpfer*in bleibt, und trifft im besten Fall sogar nette Leute. Ein guter Umgang mit den Bedürfnissen hinter den Klimagefühlen ist also, etwas für die Lösung zu tun. Das muss nicht gleich eine radikale Umstellung des ganzen Lebens oder Vollzeit-Aktivismus sein, schon das Gespräch mit dem Freundeskreis oder das Wirksamwerden in einer Nachbarschaftsgruppe können wichtige Veränderungen anstoßen und wir können damit neue soziale Normen etablieren.

Zusammenfassend bedeutet *meaning-focused Coping* also: die Klimagefühle zuzulassen – sie wirklich zu fühlen –, die Bedürfnisse dahinter zu verstehen und eine gute Antwort darauf zu finden, welche Art von Mensch wir im Umgang mit uns selbst, anderen Menschen und der Welt sein wollen. Diese Werte, diese Idealvorstellung von uns selbst, müssen wir dann in Handlungen und Gesprächen leben.

So weit, so gut. Manchmal klappt das aber nicht.

Es gibt Menschen, die emotionaler sind als andere – also Menschen, bei denen die Gehirnaktivität bei Gefühlen stärker ist als bei anderen. Das heißt, dass deren Gefühle auch stärker sind als die von anderen. Außerdem können manche Menschen Gefühle besser regulieren und aushalten als andere. Das hat auch mit unserer biografischen Prägung zu tun – ich habe das vorhin schon kurz mit den biografischen Fässern angedeutet.

Klimagefühle können so stark werden, dass wir sie nicht mehr einfach wegregulieren und durch-fühlen können. Bei manchen Menschen kippen die Klimagefühle tatsächlich in Panik oder Lähmung, in Antrieblosigkeit oder Grübelschleifen. Wenn diese Zustände das eigene Leben stark einschränken und über mehrere Wochen bestehen bleiben, dann wird es kritisch.

Aus meinen Beratungsgesprächen und auch den Erfahrungen anderer Kolleg*innen bei den *Psychologists for Future* kenne ich nur einige wenige Menschen, bei denen das so war.

Oft ist es schwer zu akzeptieren, wie groß diese Krise ist und wie wenig wir als Einzelperson tun können. Es ist auch schwer zu akzeptieren, dass andere da so wenig Priorität sehen, wenn man sie selbst umso deutlicher sieht. Das kann dazu führen, dass man eine kurze Zündschnur hat, ausfallend wird. Wenn verschiedene Faktoren zusammentreffen, kann es sogar sein, dass wir so weit überfordert sind, dass es nicht nur bei Klimagefühlen bleibt, sondern sich eine Depression oder Angststörung entwickelt – das wird dann in der Forschung oder den Medien unter den Begriffen *Climate Depression* und *Climate Anxiety* diskutiert. Offizielle Diagnosebezeichnungen sind das nicht!

Climate Depression

Die Forschung steht hier noch ziemlich weit am Anfang, eine eindeutige Erklärung zur Entstehung von Klimadepressionen gibt es noch nicht. Was es gibt, sind verschiedene Theorien, die erklären, wie Depressionen allgemein entstehen. Wie immer bei Theorien kann keine alle Fälle zu 100 Prozent erklären und es kommt bei jeden Einzelfall darauf an, eine individuelle Erklärung zu finden.

Trotzdem kann es helfen zu verstehen, warum die Klimakrise depressiv machen kann, wenn man die Theorien kennt. Ich will euch daher die drei berühmtesten Theorien aus der kognitiv-verhaltenstherapeutischen Richtung erklären (die Psychoanalyse hat weitere psychodynamische Entstehungstheorien parat, aber ich bin nun mal Verhaltenstherapeutin).

Peter Lewinsohn stellte in den 1970er-Jahren die *Verstärker-Verlust-Theorie* auf. *Verstärker* meint in dem Zusammenhang kein elektrisches Gerät, sondern eine Art von »Belohnung«, die wir bekommen. Also all die guten Dinge und Reaktionen, die von außen kommen, wenn wir etwas tun, was gesellschaftlich erwünscht ist oder uns Spaß macht; auch interne Belohnung durch unser Gehirn, durch *intrinsische Motivation. Verlust* ist relativ selbsterklärend. Stellen wir uns vor, dass ihr in eine neue Stadt umzieht, weil ihr euch von eurem/eurer Partner*in getrennt habt und gerne einen Neuanfang machen wollt. In so einer Situation gehen einige Verstärker verloren – Freundschaften, die man nicht mehr so pflegen kann wie vorher, gewohnte und schöne Orte (beispielsweise das Lieblingskino und das Lieblingscafé), das eigene Zuhause, das man aufgibt, der Job mit den netten Arbeitskolleg*innen und auch die Partnerschaft. Das kann einem ganz schön den Boden unter den Füßen wegziehen. Man zieht in die neue Stadt, hat keine Anlaufstellen, zieht sich vielleicht zurück, hat deswegen weniger schöne Erfahrungen und auch noch keine sozialen Kontakte. Das macht schlechte Stimmung, die dann auch dazu führen kann, dass man sich noch weiter zurückzieht – eine Abwärtsspirale, die einen immer weiter nach unten zieht.

Auch die Klimakrise hat ja einiges an Verlusten zu bieten – eine Menge schöne Dinge, die wegfallen. Die Urlaubsreise mit dem Flugzeug, die man sich nicht mehr erlaubt, vielleicht das Fleisch, auf das man aus rationalen Gründen verzichtet, dass man aber sehr gerne mochte. Eventuell hat man häufiger Konflikte mit Leuten, wenn man über das Thema spricht, Beziehungen können dadurch belastet sein, dass man sich in Schulddebatten verfängt. Einige Leute berichten auch, dass sie daran zweifeln, wie viel Sinn ihr Job ihnen noch gibt, und ein schlechtes Gewissen haben, weil sie mit ihrem Job die Lebensgrundlagen direkt oder indirekt bedrohen und die Nachhaltigkeitskrisen anheizen. Durch die Klimakrise kann also einiges an Leichtigkeit und Lebensfreude wegfallen, wenn es schlecht läuft.

Zu dieser »Verlustliste« muss ich gleich einwenden: Viele Menschen erleben ihr Klimabewusstsein und das Engagement ganz im Gegenteil als sehr erfüllend und sinnstiftend, für viele fühlt sich die Entscheidung für ein nachhaltiges Leben eben nicht nach einem Verlust oder schlimmen Verzicht an. Es kann aber sein, dass man sehr streng mit sich und anderen ist und dann darunter leidet. Es geht hier also darum, das gut auszutarieren, damit einem nicht sämtliche Grundlagen für Lebensfreude entzogen werden. Wenn man depressiv wird, ist das Klima davon ja auch nicht gerettet.

Eine zweite Theorie zur Entstehung von Depressionen ist die kognitive Theorie nach Aaron Beck, die er zwei Jahre nach Lewinsohn veröffentlicht hat. Hier liegt der Fokus mehr innerhalb der Person als auf Verstärkern von außerhalb. Beck hat mit vielen depressiven Patient*innen gearbeitet und festgestellt, dass sie alle ziemlich negative Denkschemata haben – über sich selbst, über die Welt und über die Zukunft. Grob gesagt: Wenn ich denke, ich bin schlecht, die Welt ist böse und die Zukunft wird sowieso schrecklich – wie soll es mir da gut gehen?

Und auch da gibt's natürlich einige Anknüpfungspunkte in der Klimakrise. In unserer individualistischen Debatte über den CO_2-Fußabdruck existiert einiges an Potenzial, sich so richtig schlecht und schuldig zu fühlen. Man kann schließlich nie genug tun, man ist immer eine Belastung für diesen Planeten. Auch die Zukunftsprognose ist echt düster – da muss man nur mal im IPCC-Report lesen und sich wirklich darauf einlassen, was das alles bedeutet. Katastrophenszenarien mit wissenschaftlicher Fundierung. Puh, harter Tobak. Und zu guter Letzt gibt es natürlich viele himmelschreiende Ungerechtigkeiten und unzureichendes Handeln bei anderen Menschen, an denen man verzweifeln kann.

In der kognitiven Therapie von Depressionen, die Beck damals entwickelt hat, beschäftigt man sich damit, welche positiven Aspekte und alternativen Betrachtungsweisen man in einem depressiven Tunnel gerne mal ausblendet. Zum Beispiel sollte man zur objektiveren Betrachtung den eigenen CO_2-Fußabdruck mit dem Lebenskontext, den wir haben, in Verbindung bringen und auch anerkennen, wo man sich selbst wirklich ordentlich anstrengt. Besser als gar nichts! Eine vernichtende Selbstverurteilung bringt uns nicht weiter. Wenn man das grundsätzliche Problem verstanden hat, ist es außerdem völlig ok, wenn man sich nicht ständig intensiv informiert und alle neuen Informationen zum Stand des Klimas sucht. Die tägliche Dosis Katastrophe kann einfach zu viel werden. Deswegen lohnt es sich zu überlegen, wie viel und wie oft man sich die Krisen-News wirklich geben muss. Der psychologische Begriff dafür ist *Stimuluskontrolle. Stimmungsmanagement* über *Stimuluskontrolle* ist voll in Ordnung.

Was die Zukunftsszenarien, die Ungerechtigkeiten und das Handeln der anderen angeht, ist unser Handlungsspielraum begrenzt. Aber auch da kann man sich zur Balance Informationen über die Lösungen suchen, die schon entwickelt werden, und sich dafür einsetzen, dass sie umgesetzt und hochskaliert werden. Es kann in der Wahrnehmung einen riesigen Unterschied machen, wenn man sich explizit auch positive Nachrichten zum Thema Klima sucht. Meistens ist der Fokus in den Medien ja sehr auf die Katastrophen gesetzt und auf alles, was schiefläuft. Die vielen tollen Menschen und Projekte, die daran arbeiten, die Welt zu einem besseren Ort zu machen, sind halt nicht so aufregend –, aber ich finde, sie sind inspirierend und sie öffnen den Blick dafür, dass es noch möglich ist, das Ruder rumzureißen. Dafür braucht es Kraft und schnelles Handeln – ein Reißen halt. Gemütlich umsteuern ist leider nicht mehr, dafür haben wir zu lange gewartet, aber auch positive Dynamiken können sich selbst verstärken – dazu komme ich im letzten Kapitel noch.

Die dritte Theorie, die ich im Zusammenhang mit Depressionen sehr aufschlussreich finde, ist die *Theorie der erlernten Hilflosigkeit* von Martin Seligman aus den 1960er-Jahren. *Erlernte Hilflosigkeit* kann man sich ganz gut mit einem Beispiel aus dem Tierreich erklären: Denkt mal an einen Reitelefanten. Es ist doch erstaunlich, dass so ein großes Tier sich nicht einfach von seinem Pflock losreißt und abhaut, oder? Das liegt an *erlernter Hilflosigkeit*. Wenn die Babyelefanten angebunden werden, dann versuchen sie erfolglos, sich zu befreien – und verinnerlichen, dass sie zu schwach sind. Später als ausgewachsene Elefanten, wenn sie stark genug wären, versuchen sie es gar nicht mehr. Das gibt es bei uns Menschen auch. An manchen Dingen sind wir einfach irgendwann so oft gescheitert, dass wir denken, dass wir das niemals lernen werden oder es eben nicht können. Das führt dann dazu, dass wir gar nicht mehr versuchen, diese Umstände zu verändern, obwohl sie uns nicht guttun.

Ich glaube, dass viele Menschen sich in einer Art erlernter Hilflosigkeit gegenüber unserem politischen System und der Umweltzerstörung befinden. Wir denken, wir könnten eh nichts machen, also versuchen wir es gar nicht mehr. Die Herausforderung in jedem gesellschaftspolitischen Kontext ist, auch beim x-ten Rückschlag immer wieder zu beschließen, dass man weitermacht. Einfach, weil es richtig ist – und es lohnt sich auch, auf die Erfolge zu schauen, die wir schon hatten, mögen sie auch klein sein. Es hat sich eben auch nicht *nichts* verändert, seit der Club of Rome 1972 seinen Bericht zu den Grenzen des Wachstums veröffentlich hat. Die Selbstverständlichkeit, mit der Ressourcen und Menschen in unserem globalen System ausgebeutet wurden und werden, wird immer öfter in Frage gestellt. Wir haben heute die 17 Nachhaltigkeitsziele der Agenda 2030. Wir werden sie nicht alle erreichen, aber alleine, dass sich die Staaten jetzt immer mehr auf Augenhöhe austauschen und wir diese Probleme alle miteinander verknüpft denken, ist eine Errungenschaft der letzten Jahrzehnte. Klar – der Weg zum Optimum ist noch weit, vielleicht erreichen wir auch nie globale Gerechtigkeit, aber es ist wichtig, die Meilensteine wahrzunehmen. Wir sind wirksam. Lasst uns unsere erlernte Hilflosigkeit abschütteln.

Die Nachhaltigkeitskrise ist ein harter Brocken, den man nicht so einfach verdauen kann. Es hilft, sich da gut selbst zu reflektieren und zu schauen, wo man selbst in solche negativen Denkfallen tappt und was man braucht, um in dieser Zeit gut über die Runden zu kommen. Das lohnt sich auch schon weit vor einer befürchteten Depression. Wenn ihr merkt, dass euch das Klima so sehr auf die Stimmung schlägt, dass ihr über Wochen nicht mehr aus dem Grübeln rauskommt, dass euch die Kraft fehlt, euch aufzuraffen, ihr euch immer häufiger hoffnungslos fühlt und euren Alltag nicht gewuppt bekommt, dann lohnt es sich, die Mechanismen dahinter mit psychotherapeutischer Hilfe zu hinterfragen.

Climate Anxiety

Warum ich Klimaangst ganz entschieden nicht für eine Störung halte, habe ich ja bereits erklärt. Trotzdem kann die Angst vor der Zukunft in den Nachhaltigkeitskrisen eine Angststörung mitbedingen.

Denn Angst ist nicht nur eine Emotion. Es gibt auch eine Persönlichkeitsdimension, die ich jetzt mal *Ängstlichkeit* nenne. Es gibt Menschen, bei denen das Gehirn schneller und schriller Alarmglocken läuten lässt als bei anderen. Das heiß nicht, dass die sich einfach mehr zusammenreißen müssten, sondern dass sie – ohne dass sie es beeinflussen können – sensibler auf Bedrohungen reagieren. Das ist ja gesellschaftlich auch total sinnvoll: Es ist gut, ein paar Abenteurer*innen zu haben, die neue Gefilde erobern, und es ist genauso sinnvoll, ein paar Bedenkenträger*innen und Frühwarner*innen zu haben, die uns davor bewahren, uns unnötig in Gefahr zu bringen und dann auszusterben.

Wenn die Alarmglocken aber schneller und auch schriller läuten, dann führt das dazu, dass man vielleicht die Gefährlichkeit von Dingen auch mal überschätzt und mehr Situationen vermeidet. Dadurch bleibt dann die gegenteilige Erfahrung aus: dass eine Situation nicht gefährlich war oder man mit der

Gefahr gut umgehen kann. Neben der kompletten Vermeidung von »gefährlichen« Situationen kann es auch sein, dass man bestimmte *Sicherheitsverhaltensweisen* zeigt. Sicherheitsverhalten ist zum Beispiel, so etwas wie einen Talisman dabei zu haben oder sich »Mut anzutrinken«, damit man sich etwas traut. Man denkt nachher, man hat es nur geschafft, weil man eben den Talisman dabeihatte oder vorher was getrunken hat, um das Mundwerk zu lockern. Dass man grundsätzlich alles kann und weiß, was man braucht, um die Situation zu meistern, das bleibt dann außer Acht. Dadurch verfestigt sich die Überzeugung, dass man mit der Situation überfordert wäre.

Oft geht es auch nicht nur um die Angst vor der Situation an sich, sondern um die *Angst vor der Angst* in der Situation, die dazu führt, dass wir Sicherheits- oder Vermeidungsverhalten an den Tag legen. Wir denken, wir könnten mit der Angst nicht fertig werden. Und das ist denke ich bei der Klimakrise auch oft ein Knackpunkt. Ich denke da an jemanden aus einer Beratung, die ich mal gemacht habe, der sich beim Lesen von Klimanachrichten immer in Katastrophenszenarien hineingesteigert und total selbst damit gequält hat. Dadurch wurde die Angst immer stärker – wir erinnern uns an das Gefühle-Gedanken-Lagerfeuer. Er hat das so lange gemacht, bis er die Angst – dachte er – nicht mehr aushalten konnte. Menschen denken oft, dass die Angst bis ins Unermessliche steigt und sie irgendwann einen Herzinfarkt bekommen und daran sterben, in Ohnmacht fallen oder verrückt werden. Alles das passiert nicht. Auch wenn das in einem akuten Angstzustand vielleicht so wirkt.

Es geht also auch hier darum, genau wie bei der Depression, die eigenen Überzeugungen zur Angst und zu den eigenen Bewältigungsmöglichkeiten zu hinterfragen. An Angst stirbt man nicht. Sie ist sehr unangenehm, ja. Absolute Panik lässt aber zwangsläufig irgendwann auch wieder nach. Es ist körperlich gar nicht möglich, ewig in absoluter Panik zu sein. Das braucht viel zu viele Ressourcen und nach einer gewissen Zeit ist der

Körper einfach zu erschöpft, um die Panik aufrechtzuerhalten. Man kann Angst allerdings ziemlich lange auf einem mittelhohen Niveau halten, wenn man sich mit Katastrophengedanken in diesem Bereich festhängt. Aber das hält man trotzdem aus, auch wenn es extrem unangenehm ist. Ihr seid stärker als eure Angst. *Trust me, I'm a Psychologist.*

Wenn man die Erfahrung gemacht hat, dass man stärker ist als die eigene Angst, dann kann man langfristig das Vermeidungs- und Sicherheitsverhalten auch abbauen. Das führt dazu, dass man in immer mehr Situationen die Erfahrung macht, dass man sie meistern kann – man erobert sich praktisch die Welt zurück und kann den eigenen Bewegungsradius wieder erweitern.

Typischerweise ist es bei Angststörungen ja so, dass die Ängste objektiv nicht ganz nachvollziehbar sind. Sie beziehen sich auf Situationen, die die meisten Menschen nicht als Bedrohung empfinden würden. Dann geht es in der Therapie darum, diese irrationale Gefahrenwahrnehmung in Frage zu stellen und zu überwinden. Bei der Klimakrise ist das etwas anderes. Die Klimakrise ist objektiv bedrohlich. Wer das nicht so sieht, der hat die Erkenntnisse der Wissenschaft einfach ziemlich effektiv verdrängt. Es geht also nicht darum, die Angst vor der Klimakrise als irrational zu hinterfragen. Es geht darum, die Angst eher zu managen, damit sie nicht lähmend wird und man dadurch in seinem Alltag eingeschränkt wird. Manche beschreiben zum Beispiel, dass sie keine Nachrichten mehr anschauen können, weil sie denken, dass ihnen das so viel Angst bereitet, dass sie das nicht verarbeiten und aushalten können. In der Therapie mit starken Ängsten in Bezug auf die Klimakrise geht es also eher darum zu überprüfen, wie man ein Gefühl der Kontrolle zurückbekommen kann. Ein Gefühl der Kontrollierbarkeit im Umgang mit den eigenen Gefühlen und die eigenen Einflussmöglichkeiten auf die Krise.

Aus meiner klinischen Erfahrungen mit Patient*innen möchte ich hier auch noch einen anderen Gedanken diskutieren. Manchmal ist Angst auch das Gefühl, das man vordergründig wahrnimmt, obwohl es eigentlich im Kern um andere Gefühle geht. Deswegen ist es oft augenöffnend, wenn man sich fragt, was das zugrunde liegende Bedürfnis hinter den Gefühlen ist.

Gerade aus der Arbeit mit depressiven Patient*innen und Angstpatient*innen kenne ich das Problem, dass Trauer nicht verarbeitet werden kann oder dass die Betroffenen Wut nicht rauslassen können oder wollen, weil sie es sich verbieten. Das führt dazu, dass immer Alarm ist, was man dann als Angst missverstehen kann. Eigentlich würde es aber darum gehen, mal den richtigen Personen eine Ansage zu machen und die eigenen Grenzen zu verteidigen. Im schlimmsten Fall richtet sich die Wut dann gegen einen selbst – man macht sich selbst Vorwürfe, hat starke Schuldgefühle, was depressives Denken befeuert. Die Menschen können richtiggehend verbittern und geben auf oder es kommt sogar zu Selbsthass und Selbstverletzung. Die richtige Dosis Wut ist lebenswichtig. Es ist bedeutend, dass wir unsere Werte und unsere Würde verteidigen. Es ist aber wichtig, danach wieder loslassen zu können. Wenn wir über unsere Wut Ungerechtigkeit angeklagt haben, wenn die Kritisierten dann ihr Verhalten verändert haben, dann müssen wir das anerkennen können. Wenn Politik mal etwas gut macht, wenn Unternehmen versuchen, etwas besser zu machen, dann sollten wir das auch anerkennen. Wir müssen ja auch langfristig noch als Gesellschaft konstruktiv zusammenleben. Dafür ist Verzeihenkönnen wichtig.

Klar, manche Dinge können nicht wieder gut gemacht werden, manche Wunden kann man nicht wieder ausgleichen, manches ist unverzeihlich. Trotzdem ist dann immer noch die Frage »Wie geht es weiter?«. Wie können wir es in Zukunft besser machen, wie können wir konstruktiv vorankommen? Wir haben keine andere Wahl, als uns zusammenzuraufen.

Manchmal geht es hinter einer gefühlten Angst auch darum, Verluste und die Ungerechtigkeit dieser Welt zu akzeptieren, und der Weg dahin führt durch ein tiefes Tal der Trauer. Wenn wir uns dann nur mit der vordergründigen Angst beschäftigen, dann arbeiten wir am eigentlichen Thema vorbei. Akzeptieren heißt nicht, dass man etwas gut findet oder es hinnimmt, ohne es verändern zu wollen. Akzeptanz bedeutet anzuerkennen, dass wir ein Problem haben. Das ist der erste Schritt zur Veränderung. Das ist ein häufiges Missverständnis, weswegen vielen Menschen Akzeptanz sehr schwerfällt. Akzeptanz bedeutet aber eben auch viel Trauerarbeit und die ist natürlich unangenehm. Trauer verarbeiten wir am besten, indem wir sie erst einmal anerkennen und dann nicht damit allein bleiben. Oft hilft es, von anderen unterstützt zu trauern – gemeinsam zu trauern, geteiltes Leid. Der Weg ist nicht schön, aber er ist heilsam. Die Kehrseite der Trauer ist unsere Liebe. Wie können wir aus Liebe handeln? Wofür lohnt es sich zu kämpfen?

Radikalisierung – wenn die Wut außer Kontrolle gerät

Ein wichtiges Thema, das sowohl auf der individuellen als auch auf der kollektiven Ebene sehr relevant ist, ist die Frage, wann Wut destruktiv wird.

Keine Wut zu empfinden, kann uns als Menschen total hemmen. Es verhindert, dass wir uns für uns selbst, für unsere Werte und für Gerechtigkeit einsetzen. Deswegen ist es wichtig, dass wir Klimawut in Handeln kanalisieren, dass wir dafür einstehen, was uns wichtig ist.

Das andere Extrem neben der Unterdrückung von Wut ist aber das Hineinsteigern und Umschlagen in Aggression. Meine Erfahrung mit narzisstischen und auch antisozialen Menschen aus der Therapie ist, dass die sich häufig von der Gesellschaft und auch einzelnen Menschen von vorne bis hinten enttäuscht und verarscht fühlen. Sie haben den Eindruck, dass ihnen immer nur Ungerechtigkeit und Egoismus widerfahren ist und die anderen ihnen einseitig das Versprechen von Geborgenheit, Solidarität und Zusammenhalt gekündigt haben. Deswegen halten sie es für gerechtfertigt, andere Menschen auszunutzen, Rache zu nehmen, es den anderen genauso zurückzuzahlen. Für sie zählen dann die gesellschaftlichen Regeln nicht mehr. Warum sollte ich mich an die Regeln halten, wenn das sonst keiner tut und es mir immer zum Nachteil wird? Da wäre man ja schön blöd.

So ein verallgemeinerndes Urteil führt dazu, dass diese Menschen Informationen basierend auf diesem Weltbild verarbeiten und sich die Vorhersage zu einer selbsterfüllenden Prophezeiung entwickelt. Wenn ich mich anderen Leuten gegenüber wie ein Arsch verhalte, dann reagieren sie auch ablehnend auf mich. Dann mache ich nur noch solche Erfahrungen – und die Gewaltspirale dreht sich bis zur Eskalation. Die Sackgasse ist dann eine Karriere als Gefängnisinsass*in.

Bei der Klimawut kommt noch eine Aufschaukelungsebene dazu. Wenn ihr mal bei einem Fußballspiel wart und euer Team gewonnen hat, dann wisst ihr, was *gruppenbasierte Gefühle* sind. Genauso wie es gemeinsame Euphorie gibt, die sich hochschaukelt und ekstatisch werden kann, gibt es auch gruppenbasierte Klimagefühle. Gruppenbasierte Gefühle entstehen dadurch, dass wir uns einer Gruppe zugehörig fühlen. Nationalstolz ist so ein gruppenbasiertes Gefühl oder eben der Stolz auf die Fußballmannschaft – man hat ja nicht selbst auf dem Platz gestanden, aber ist trotzdem stolz auf ein »Wir«. Hier zeigt sich die soziale Dimension unserer Identität, die auf Gruppenzugehörigkeiten basiert. Genauso kann sich basierend auf der Zugehörigkeit zur Klimabewegung zum Beispiel Enttäuschung über Misserfolge der Bewegung auf uns auswirken. Enttäuschung ist übrigens eine Art Mischgefühl aus Wut und Trauer.

Wir lassen uns also auch von Ereignissen berühren, die unsere Gruppe betreffen. Darüber hinaus ist es so, dass in einer Gruppe geteilte Gefühle sich gegenseitig verstärken können. Wir können uns mit anderen zusammen in Gefühle reinsteigern und dabei auch gegenseitig radikalisieren.[37] Klimawut kann sich hochschaukeln, wenn man protestiert, auch weil man durch den Protest mit anderen in den Austausch kommt und noch mehr Ungerechtigkeiten entdeckt. Wenn in einer Bewegung dann wie in einer Echokammer Aufschaukelungsprozesse und Gruppendynamiken entstehen, wird es gefährlich. In kleinen Schritten von *Mikroradikalisierung* entsteht ein immer radikaleres, verhärtetes Weltbild und Bild der eigenen Rolle in dieser Welt.

Wenn man dann den Eindruck bekommt, die eigene Identität und die Existenz der eigenen Gruppe sind bedroht, wenn das Gefühl entsteht, ungerecht behandelt zu werden und mit regelkonformen Aktionen nichts mehr erreichen zu können, dann radikalisieren sich Menschen.

Das Thema Radikalisierung interessiert die Psychologie natürlich auch schon länger – es gibt verschiedene Erklärungsansätze dafür, wann und wie sich Menschen radikalisieren.[38] Die *Uncertainty-Identity-Theory* von Michael Hogg bezieht sich darauf, dass jeder Mensch gruppenbasierte Identitätsanteile hat. Menschen, die eine weniger gefestigte, eine unsichere Identität haben, suchen nach einer Gruppe, mit der sie sich identifizieren können. Besonders attraktiv sind dabei Gruppen mit einem starken inneren Zusammenhalt, einem starken Gruppengefühl (*entiativity/Entiativität* nennt man das). Das sind leider häufig eher radikale Gruppen. Wir leben in den unsicheren Zeiten ökologischer und gesellschaftlicher Krisen und einer globalen Pandemie und der Wertewandel unserer Gesellschaft hat unsere Identitätsbildung nicht gerade vereinfacht (dazu im nächsten Kapitel mehr). Für Menschen mit unsicherer Identität kann die Versuchung, sich radikalen Weltsichten und Gruppen anzuschließen, daher groß sein. Wenn ich nicht weiß, wer ich bin, dann finde ich Antworten darauf zum Beispiel in Ideologien und radikalen Gruppen.

Andere Erklärungsansätze für Radikalisierung zielen darauf ab, dass Menschen ihr Bedürfnis nach Bedeutsamkeit über die Narrative ihrer (radikalen) Gruppen befriedigen, weshalb sie auch bereit sind, sich für eine größere Sache (oft verbunden mit religiösen Werten) aufzuopfern, mit der sie sich identifizieren. Wenn also innerhalb einer identitätsstiftenden Gruppe eine gewaltverherrlichende oder tatsächlich gewalttätige Kultur herrscht, Narrative die Anwendung von Gewalt unterstützen und Gruppendruck entsteht, kann das die Wahrscheinlichkeit erhöhen, dass kollektive Wut und ein Bedrohungserleben in tatsächliche Gewaltanwendung umschlägt.

Mit Blick auf die Klimabewegung ist es wichtig, sich von extremistischem, gewaltverherrlichendem, staatsfeindlichem oder ökofaschistischem Denken abzugrenzen und sich klarzumachen, dass die sozialwissenschaftliche Forschung deutlich zeigt, dass friedliche Bewegungen langfristig viel erfolgreicher darin sind, gesellschaftliche Transformation zu bewirken.[39] Auch hier gilt: *Unite behind the science!* Sympathischer ist das allemal.

Klimabewusste Psychotherapie?

Zu guter Letzt: Solltet ihr euch jemals in der Lage befinden, euch für den Umgang mit der Klimakrise professionelle Hilfe suchen zu wollen, will ich dazu noch ein paar Worte sagen. Nicht alle Psychotherapeut*innen in Deutschland sind so richtig klimabewusst. Viele befinden sich vielleicht selbst noch im Prozess der Realisation und Anerkennung der Drastik unserer Lage. Das heißt nicht, dass sie keine guten Therapeut*innen für klimabewusste Menschen sein können. Ganz wichtig.

Als *Psychologists for Future* sind wir in Kontakt mit den Berufsverbänden und Kammern der Psychotherapeut*innen, wir organisieren Schulungen und versuchen, das Wissen zum Umgang mit der Krise zu verbreiten sowie in den Strukturen einen politischen Wandel zur Nachhaltigkeit zu erreichen. Wie in allen anderen gesellschaftlichen Umfeldern und Berufsgruppen braucht das Zeit und nicht alle sind davon begeistert oder verstehen, warum das jetzt ausgerechnet sie auch betreffen soll. Oft kennen die Regionalgruppen der *Psychologists for Future* vor Ort die Kolleg*innen, die sich des Themas bewusst sind, sie können also eine Anlaufstelle sein.[40]

Als Psychotherapeutin muss ich aber eine Lanze dafür brechen, dass ich in meinem Job immer auch von meinen Patient*innen lerne. Wenn ihr also eine Therapeut*in vor euch sitzen habt, die noch nie etwas mit der Klimathematik am Hut hatte, dann könnt ihr erstmal mit der Einstellung rangehen, dass sie mit euch gemeinsam wachsen wird. Ihr seid die Expert*innen für eure Problemlage, die Psychotherapeut*innen sind die Expert*innen für die Methoden. Eine Therapie ist immer eine gemeinsame Reise zu einem besseren Ort, als der Ausgangspunkt es war.

Kapitel 4

Wer macht hier wen krank?

Ich habe nun viel über Menschen als Individuen gesprochen: Warum verdrängen einzelne Menschen Klimafakten, wann werden sie aktiv, welche Gefühle entstehen in ihnen durch die Klimakrise und wie kann man als einzelner Mensch damit umgehen? Die Ebene des Individuums ist das klassische Arbeitsgebiet der Psycholog*innen und unsere Komfortzone.

Aber die Ebene des Individuums ist, gerade wenn es um komplexe, den ganzen Planeten umspannende Probleme wie die Klimakrise geht, nicht die ganze Wahrheit. Das ist in den letzten Kapiteln schon immer mal aufgeblitzt: Aus dem *Biopsychosozialen Modell* weiß ich, dass es eine soziale Ebene der körperlichen und geistigen Gesundheit gibt; in meinen Experimenten mit dem ökologischen Fußabdruck musste ich schmerzlich feststellen, dass ich nicht alleine Herrin meines CO_2-Ausstoßes bin; die Emotionsphobie unserer Gesellschaft beeinflusst unseren Umgang mit uns selbst; und für die Verarbeitung von Klimagefühlen brauche ich manchmal den Austausch mit anderen, mit einem Kollektiv. Weder können wir die Klimakrise als Einzelpersonen lösen, noch sind wir nur einzeln, losgelöst von anderen und unserer gesellschaftlichen Lage, von ihr betroffen. Es ist Zeit, den Blick zu weiten.

Wer bin ich in dieser Welt?

In Australien hat eine Studie erhöhte Suizidraten unter Farmer*innen in den letzten Jahrzehnten mit steigender Trockenheit in Verbindung gebracht: Es wird zunehmend schwerer, unter dem Druck des sich verändernden Klimas eine Farm zu führen, mit der man seine Familie ernähren kann.[41] Auch in Deutschland sehen Bäuer*innen ihre Existenzgrundlagen bereits heute durch den Klimawandel massiv in Gefahr gebracht, etwa Familie Backsen, die auf der Nordseeinsel Pellworm seit mehreren Generationen einen Bauernhof betreibt und nun gegen die Bundesregierung vor Gericht zieht, weil sie sich nicht mehr anders zu helfen weiß, um die Einhaltung der politischen Klimaversprechen einzufordern. Wir erleben ein Höfesterben in Deutschland, das sicher nicht nur mit dem europäischen Subventionssystem und dem enormen Preisdruck zusammenhängt, sondern auch mit den jetzt schon spürbaren Folgen der Klimakrise.

Jetzt könnte man sagen: Ja, ok, dann müssen die eben einen anderen Beruf lernen, na und? Ganz abgesehen davon, dass unser aller Leben natürlich auf Nahrungsmittelproduktion angewiesen ist, hängen an solchen Entscheidungen Biografien und Lebensentwürfe. Es geht nicht nur darum, einen neuen Job zu erlernen – wer das mal durchgemacht hat, weiß, wie schwer es ist. Es geht auch nicht nur darum, dass ein Berufswechsel Geld und Zeit kostet. Ein Berufswechsel ist auch eine enorme Herausforderung für unsere Psyche, denn wir müssen dabei ein ganz neues Konzept von uns selbst entwickeln. Wir identifizieren uns über unseren Beruf ja auch als Teil einer *Ingroup*. Unser Job ist eine unserer vielen Rollen und damit Teil unserer Identität. Wenn ich nicht mehr Bäuer*in bin, wenn ich nicht mehr Kohlekumpel bin, wer bin ich dann? Ich muss mich von einem Teil meiner selbst verabschieden und den Wandel zu einer anderen Person schaffen. Das mag handhabbar sein oder sogar Spaß machen, wenn ich den Wechsel selbst anstrebe. Aber wenn ich durch äußere Umstände wie Hitzewellen, Überflutungen oder die Energiewende dazu getrieben werde, obwohl ich meine Identität eigentlich gerne mag, so wie sie ist, dann ist das keine lustige Angelegenheit. Dann wird mir etwas von mir selbst genommen.

Dasselbe trifft auf klimawandelbedingte Umzüge zu. Wenn Menschen wegen der Klimakrise ihr Haus verlieren. Oder wenn Menschen in ihrer Heimat keine Lebensperspektive mehr haben und ihr Zuhause verlassen müssen, weil Essen und Wasser knapp werden oder der Damm vor dem Haus das ansteigende Meer nicht mehr aufhalten kann. Klimawandelbedingte Migration wird eine riesige Herausforderung in den nächsten Jahren werden – auch da verliert man einen Teil von sich. Auch da muss man sich neu verorten, eine neue Identität entwickeln. Ganz abgesehen davon, dass auch die Flucht an sich oft traumatisierend ist. Wie viel von der Ursprungskultur nimmt man mit? Wie sehr passt man sich an die Gesellschaft an, in die man integriert wird? Wie geht man damit um, wenn man nie wieder in seine Heimat zurückkehren kann?

Bei Vertreibung durch Krieg besteht zumindest teilweise die Hoffnung, dass man irgendwann wieder nach Hause zurückkehren kann. Wenn Inseln wie Tuvalu im Meer versinken, dann gibt es diese Hoffnung nicht. Wer bin ich, wenn der Ort verschwindet, an dem meine Wurzeln sind? Menschen können diesen Wandel schaffen – aber solche *kritischen Lebensereignisse* sind eine Sollbruchstelle im Leben, ein weiterer Faktor, der unsere psychische Kraft übersteigen kann und das Fass zum Überlaufen bringt.

Die Klimakrise und die gesellschaftlichen Transformationen, mit denen wir auf sie reagieren müssen, greifen in unsere Identität ein. Sie verändern das Selbstbild nicht nur von einzelnen Menschen, sondern von kompletten Gruppen. Umgekehrt verhindert die Art, wie wir heute unsere Identität bilden und bestätigen, auch oft, dass Menschen klimafreundlicher leben, einkaufen oder wählen. Da beißt sich die Katze in den Schwanz, und zwar gesamtgesellschaftlich.

Heiner Keupp, ein Sozialpsychologieprofessor aus München, erklärt die Art, wie wir heute unser Selbst zusammensetzen, mit dem sogenannten *Patchwork-Modell der Identitätsentwicklung.*[42] Er schaut mit einer historischen Perspektive auf die Art, wie wir Menschen uns im gesellschaftlichen Kontext definieren und unseren Selbstwert festlegen. Die soziologische und historische Forschung zeigt, dass es in den letzten Jahrzehnten einen deutlichen Wertewandel in unserer Gesellschaft gab. Traditionelle Werte wie materielle Sicherheit oder traditionelle Biografien mit klaren Lebenswegen haben deutlich an Einfluss verloren.

Früher war es so: Wenn ich der Metzgerssohn bin, dann übernehme ich den Laden von meinem Vater, heirate die Nachbarstochter und wir gründen eine Familie in dem Städtchen, in dem wir unser ganzes Leben verbracht haben. So simpel und geradlinig läuft es heute in den wenigsten Fällen. Viele gesellschaftliche Entwicklungen – die Weltkriege, die 68er-Bewegung, die Frauenbewegung, die Globalisierung und viele solcher Megatrends[43] – haben dazu geführt, dass wir mittlerweile viel freier sind in Bezug auf unsere Lebensentscheidungen. Wir haben gefühlt unendliche Freiheit darin, wie wir uns selbst definieren. Wir können uns unseren Job aussuchen, unseren Lifestyle, unser Gender und die Art, wie wir Beziehungen führen. Wir leben in einer globalisierten, individualistischen Gesellschaft. Mit diesem Gestaltungsspielraum kommt aber auch mehr Eigenverantwortung und Unsicherheit. Flexible Umstände brauchen eine ständige Anpassung. Die Leitplanken sind nicht mehr so eng.

Wir können an unserer Identitätsbildung leichter scheitern als früher, auch weil es keine klaren Erwartungen mehr gibt, an denen wir uns entlanghangeln können oder müssen. Wir suchen also ständig wieder nach der richtigen Lebensform, müssen uns immer wieder neuerfinden und weiterentwickeln – das ist anstrengend. Es kann sogar erschöpfend sein.

Keupp sagt, dass wir unsere Identität heute nicht mehr an klaren Rollenbildern und Erwartungen entlang entwickeln, sondern eher wie ein Patchwork zusammensetzen. Woher kriegen wir die Stoffteile für dieses Patchwork? Ich denke zurück an das *biopsychosoziale Modell*: biologische, soziale und psychische Faktoren. Hier sind gesellschaftliche Umstände eng mit unserer individuellen Psyche und biologischen Voraussetzungen vernäht. Gesellschaftliche Narrative – unsere Kommunikation, unsere kollektiven Erzählungen und Ansprüche – beeinflussen, wer wir sind und wer wir werden. Unsere Identitätsangebote kriegen wir unter anderem aus den Medien, etwa aus der Werbung, den sozialen Medien und von Vorbildern in Filmen oder Serien. Auch unsere Wirtschaft, die Freiheitsideologie unseres Marktes, hat einen Einfluss auf unsere Identität.

Natürlich machen wir konkrete, persönliche Erfahrungen in der Schule (mit Gleichaltrigen und Lehrer*innen), in der Familie (vor allen Dingen mit unseren Eltern, aber auch Geschwistern, Tanten, Onkeln, Großeltern) und in Freundschaften. Wir wollen gerne dazugehören, anerkannt und gemocht werden. Deswegen suchen wir uns die Patchworkteile raus, zu denen wir das beste Feedback bekommen, sowie jene, die sich *sinn*voll anfühlen in Bezug auf die Werte, mit denen wir aufwachsen.

Mit einer klaren Rolle wie in der traditionellen Gesellschaft bekamen wir einen klaren Sinn des Lebens mit auf den Weg. Weil wir diese Rolle heute nicht mehr vorgegeben bekommen, müssen wir sie uns selbst basteln. Woran messen wir, wie gut dieses Basteln klappt? Einerseits müssen wir eine Identität entwickeln, die uns selbst zufrieden macht, die zu einem guten Selbstwert führt. Gleichzeitig sind Menschen aber soziale Wesen, daher führt ein Teil dieses Bewertungsprozesses der eigenen Identität über die Gesellschaft. Wir wollen und müssen zu Menschen werden, die von anderen Menschen akzeptiert und gemocht werden – Bindung und Zugehörigkeit sind ein psychisches Grundbedürfnis. Deswegen sind soziale Vergleiche extrem einflussreich und der Hinweis »es kann dir doch egal sein, was andere Leute denken« bleibt oft reines Wunschdenken.

In sozialen Beziehungen, in unseren Freundschaften bekommen wir Feedback dazu, ob unsere Identitätsarbeit geglückt ist, ob wir also eine Antwort darauf gefunden haben, wer wir sind, die auch gesellschaftlich akzeptabel ist. Das ist wichtig, schließlich haben wir keine klare Lebenslinie mehr vorgezeichnet, die uns garantiert, dass wir »richtig« sind. Wir brauchen Feedback dazu, ob unser Patchwork schön ist.

Aber auch die anderen Menschen, an denen wir uns orientieren, leben ja innerhalb derselben Gesellschaft. Auch sie sind beeinflusst von den gesellschaftlichen Erzählungen, von den medialen Botschaften, von unserem kollektiven Denken. Die gefühlte unendliche Freiheit in unserer Selbstdefinition ist daher am Ende oft eben nur – gefühlt.

Die modernen Leitplanken, die die Gesellschaft für die Verwirklichung des Individuums anbietet, sind Leistung und Konsum. Wir leben nach den Grundannahmen »Du bist, was du leistest« und »Du bist, was du kaufst«. Die beiden sind miteinander verwoben: Man muss immer mehr arbeiten und leisten, um Geld zu haben für den Konsum, um sich selbst darzustellen und zu verwirklichen. Diese Leistungs- und Selbstverwirklichungsideologie ist zum Teil unseres *Ich-Ideals* geworden – der Vorstellung davon, wie wir idealerweise sein wollen. Zeig mir dein Auto, zeig mir deine Klamotten und sag mir deinen Jobtitel, dann sage ich dir, wer du bist. Dazu kommt in unserer Wohlstandsgesellschaft der Anspruch, dass man möglichst durchgehend glücklich sein sollte – warum ich das kritisch sehe, wisst ihr ja schon.

Ich kenne leider aus meiner Arbeit viele Menschen, die mit diesem Hamsterrad der Leistung nicht mehr mithalten können. Die Selbstwertprobleme haben, ein Burnout bekommen, Ängste oder Depressionen, weil sie an den Erwartungen scheitern. Wir stellen Ansprüche, die am Menschen vorbeigehen, die an dem vorbeigehen, was wir wirklich brauchen und was uns wirklich glücklich macht. Wir versuchen, Menschen an das wirtschaftliche System anzupassen, anstatt die Umstände an die Menschen.

Ein paar Beispiele für dieses Scheitern des Menschen am unmenschlichen System:

- Menschen mit *Aufmerksamkeitsdefizit-Hyperaktivitäts-Syndrom* (ADHS) passen nicht in den gesellschaftlichen Kontext, den wir gebaut haben. Unser heutiges Schulsystem und die typischen Nine-to-five-Bürojobs sind für Menschen mit ADHS eine Qual.
- Menschen, die der ständige Leistungsdruck ins Burnout treibt, sollen in Therapien möglichst innerhalb weniger Wochen wieder »fit« gemacht werden, damit sie sich anschließend im selben Job wieder kaputt arbeiten können.
- Normale Körper passen nicht in die Welt, die die Werbung uns vorgaukelt. Das fängt damit an, dass ich eigentlich niemanden kenne, der beim Anprobieren Kleidung findet, die wie angegossen passt; geht bei Antifalten-Creme oder den Werbefotos weiter und führt im schlimmsten Fall bis hin zu Essstörungen.
- Wie wichtig Care-Tätigkeiten sind, wird in einem System, in dem Wert in Geld gemessen wird, nicht anerkannt. Deswegen wird von Eltern erwartet, dass sie schnellstmöglich nach der Geburt eines Kindes wieder arbeiten, und die Kinder sollen möglichst schnell Entwicklungsschritte machen – die dreisprachige Kita mit Ganztagesbetreuung winkt schon. Dieser Druck widerspricht den wissenschaftlichen Erkenntnissen darüber, wie gesunde Entwicklung funktioniert und wie gute Bindungen aufgebaut und gepflegt werden, sodass sich am Ende psychisch gesunde Menschen entwickeln.
- In einer Gesellschaft, in der alle immer glücklich sein sollen, werden unangenehme Gefühle und Warnsignale des Körpers zunehmend als Störungen definiert – im DSM-5, einer offiziellen Diagnosesammlung aus den USA, ist beispielsweise letztens die *prolongierte Trauer* dazugekommen. Medizinische Diagnosemanuale werden immer weiterentwickelt, das ist ein normaler Prozess. Sie bilden dadurch neue

> Forschungserkenntnisse, aber auch ein Stück weit das gesellschaftliche Verständnis von Gesundheit und Krankheit und die gesellschaftlichen Entwicklungen ab. Das kann man zum Beispiel in der Abfolge der Lifestyle-Diagnosen für ausgebrannte Menschen sehen: Was in der Industrialisierung *Neurasthenie* und in den 1950er-Jahren *Manager-Krankheit* hieß, wird heute als *Burnout* bezeichnet. Unterschiedliche Namen, ausgeweitete Betroffenengruppe, aber dasselbe Warnsignal einer völlig erschöpften Psyche, die nun mal mehr ist als gut oder schlecht geölte Zahnrädchen.

Ich finde, das stresst schon, wenn man es nur liest (oder schreibt).

Aus der Industrialisierung entstand zu unserem Glück eine Arbeiterbewegung, in der Menschen dafür gekämpft haben, dass *888* – 8 Stunden arbeiten, 8 Stunden Freizeit, 8 Stunden Schlaf – zum Standard wird. Ich finde, wir können dankbar für diese Regeln sein, die in den meisten Berufen Gesetz sind (zumindest in Deutschland). Diese hart erkämpften Fortschritte geben wir mit der aktuellen Entgrenzung von Arbeit – der Vermischung von Arbeit und Freizeit, dem Selbstoptimierungszwang in unserer Freizeit und der ständigen Selbstdarstellung – allerdings quasi freiwillig wieder auf. Natürlich ist es nicht schlimm und sofort Burnout-gefährdend, wenn man abends um 20 Uhr mal eine Arbeit-E-Mail aufs Handy bekommt. Es erhält aber die gesellschaftliche Erzählung in unserem Kopf aufrecht, dass wir sind, was wir leisten, und dafür immer voller Einsatz angebracht ist.

Genauso ungesund wie für unsere Psyche ist dieses gesellschaftliche Hamsterrad leider für die Erde: All die Autos, neuesten Smartphones, Klamotten und Instagram-gerechten Urlaubsreisen, die wir brauchen, um uns gesellschaftliche Anerkennung zu erkämpfen, entstehen ja nicht aus dem Nichts. Hinter ihnen steht eine gigantische Ressourcen-Verbrauchsmaschinerie, die jedes Jahr mehr Energie und Material frisst, um immer mehr Waren und Müll auszuspucken. Indem wir das System erhalten, treiben wir uns gegenseitig dazu, unsere Lebensgrundlagen zu zerstören.

Das ist das perfide an der Situation: Es stellt sich ja niemand hin und zerstört aus aktivem Willen die Natur, weil er oder sie das toll findet. Wir leben nur in einer Gesellschaft, in der uns nahegelegt wird, als Individuum Entscheidungen treffen zu müssen, die die Natur schädigen, um am Ende unseren Selbstwert zu füttern. Ist die Überschreitung der planetaren Grenzen also nun ein Auslöser psychischer Belastung oder ein Symptom, eine Folge dieser Belastung? Ich würde sagen beides.

Sozialer Sprengstoff

Ich habe immer wieder die Hoffnung, dass wir an dieser Krise wachsen können, dass wir als Menschheit und als Menschen lernen, besser zusammenzuarbeiten und uns gegenseitig in Zeiten der Not zu helfen. Menschen sind sehr robust und werden dadurch stark, dass sie zusammenarbeiten, dass sie kooperative, soziale Wesen sind. So wie wir aus den beiden Weltkriegen gelernt haben und die Vereinten Nationen gegründet haben. Natürlich ist die Arbeit der Vereinten Nationen noch nicht perfekt, aber sie ist historisch einmalig und wird sich weiterentwickeln.

Auf der anderen Seite werde ich aber auch immer wieder pessimistisch, wenn ich mir zum Beispiel anschaue, wie im Syrienkrieg, der resultierenden Migrationskrise 2015 und der Coronapandemie der Populismus und rechtes Gedankengut erstarkt sind. Wie man beispielsweise aus der *Terror-Management-Theory* weiß, kann die Konfrontation mit großen Krisen und der eigenen Sterblichkeit eben zu Menschenfeindlichkeit führen. Wiederholte Krisen und psychische Überlastung können dazu führen, dass wir immer weniger *Kohärenzgefühl* haben, dass der soziale Zusammenhalt abnimmt. Es kann dazu kommen, dass wir schlechtere Einstellungen gegenüber anderen Menschen haben, mehr auf uns selbst schauen und weniger die Bedürfnisse anderer mitbeachten. Die Klimakrise kann uns egozentrisch machen.

Selbst kleinere Krisen (kleiner als ein Krieg oder eine globale Pandemie), die »nur« zu Konflikten in einem begrenzten Umfeld führen, ziehen einen gesellschaftlichen Rattenschwanz nach sich. Bei Versorgungsengpässen zum Beispiel folgen oft Verteilungskonflikte. Auch solche kleinere Krisen sind für die Betroffenen belastend und sie zu bekämpfen kostet Geld, Zeit und Nerven. Dieses Geld kann man dann nicht für Bildung ausgeben, nicht für soziale Einrichtungen, für Strafverfolgung und auch nicht für Gesundheitsversorgung – was wiederum dazu führen kann, dass der gesellschaftliche Zusammenhalt abnimmt, weil diese wichtigen Funktionen der Gesellschaft ihre Aufgaben nicht erfüllen können. Ein Teufelskreis.

Eine so große Krise wie der drohende ökologische Kollaps kann nicht nur zu Ressourcenkonflikten führen. Manche werden die daraus folgenden Katastrophen häufiger direkt erleben, weil sie jedes Jahr Opfer von Extremwetterereignissen werden, andere seltener, weil ihre Wohnorte seltener betroffen sind – manche nur als Beobachter*innen in den Nachrichten und zum Beispiel über gestiegene Lebensmittelpreise bei Engpässen. Wie schaffen wir es, nicht wegzusehen, uns vom Leiden anderer berühren zu lassen und gleichzeitig unser Leben weiterzuleben? Wir müssen auch einen psychologischen Umgang mit der riesigen Ungerechtigkeit finden, die die Klimakrise darstellt. Wir müssen mit der Wut und der Angst umgehen, die dadurch entstehen. Wenn diese Gefühle und erodierende gesellschaftliche Gefüge zusammentreffen, kann es zu Selbstjustiz und Gewalt kommen.

Vulnerable Gruppen

Da ist nun schon ein weiteres gesellschaftliches, systematisches Problem zwischen Klima und Psyche angesprochen: Es gibt Gruppen, die durch die Klimakrise besonders belastet werden, körperlich wie psychisch. Besonders verletzliche, *vulnerable* Gruppen, die zur Entstehung der Klimakrise oft am allerwenigsten beigetragen haben: indigene Gemeinschaften, Menschen im globalen Süden, naturnah lebende Menschen, ärmere Menschen, Menschen mit Behinderungen, ältere Menschen, Menschen mit psychischen Störungen, Kinder sowie Personen, die zusätzlich zu ihrer Lohnarbeit noch Care-Arbeit verrichten – häufig also Frauen.

Wenn man 60 Stunden in der Woche arbeitet und dazu noch Care-Tätigkeiten erfüllen muss, dann ist wenig Zeit dafür, soziale Beziehungen zu pflegen oder auf einen nachhaltigeren Job umzusatteln. Sozial benachteiligte, arme Menschen, die oft mehrere Jobs haben müssen, weil sie so schlecht bezahlt werden, haben also nicht nur mehr Belastung zu verarbeiten, sondern bekommen auch weniger Möglichkeiten für den Aufbau eines Selbstwertgefühls. Außerdem fehlen ihnen finanzielle Ressourcen – sowohl für körperliche Bedürfnisse als auch für die kapitalistische Antwort darauf, wer man ist und was man wert ist (mit dem schicken Auto und der inspirierenden Urlaubsreise können sich nur die anderen ihr Patchwork verschönern). Das erhöht den Druck auf marginalisierte Menschen und führt zu einer Schere in der Gesellschaft. Menschen in den Bevölkerungsgruppen mit niedrigerem Einkommen und Bildungsstand haben Angst, gesellschaftlich abzusteigen. Wie soll man unter diesem Druck denn noch darauf achten, nachhaltiger zu leben?

Auch Kinder sind besonders verletzlich. Sie können sich und ihre Gefühle noch nicht so gut regulieren, brauchen dafür liebevolle Unterstützung von ihren Eltern. Sie können noch nicht so gut artikulieren, wo der Schuh drückt – bei Kindern zeigt sich psychische Belastung deswegen eher dadurch, dass sie körperliche Symptome haben: Kopfschmerzen oder Bauchschmerzen. Oder sie verhalten sich kindlicher, als sie eigentlich sind – *regressives Verhalten* nennt man das im Fachjargon. Oder sie bekommen entfernter verwandte Ängste: Nach einer Überflutung geht Schwimmen oder Duschen nicht mehr, sie nässen nachts wieder ein, bekommen Alpträume oder Schlafstörungen.

Kinder sind besonders abhängig davon, dass die Erwachsenen um sie herum sie gut auffangen. Ihnen hilft es, wenn sie Gefühlen freien Lauf lassen können, wenn sie erzählen und im Erzählen verarbeiten können. Sie brauchen jemanden, der ihnen Mut und Hoffnung macht. Wenn die Eltern aber selbst durch Krisen überfordert sind oder der Kontakt zu Lehrer*innen wegen einer überfluteten Schule fehlt, fällt auch diese Sicherheit weg. Verpasster Unterricht und vielleicht schlechtere Schulnoten können dann zusätzlich die Weichen für das ganze Leben stellen.

Als Psychologin frage ich mich oft, was das Aufwachsen mit den düsteren Prognosen in Bezug auf das Klima mit unseren Kindern macht. Dazu gibt es noch wenig Erkenntnisse, schließlich sind wir gerade an einem Punkt in der Geschichte, an dem zumindest hierzulande ein Großteil der Menschen noch ohne deutlich spürbaren Klimawandel aufgewachsen ist. Zukünftige Generationen werden das nicht mehr haben. Sie leben in einer sich erhitzenden Welt ohne realistische Aussicht auf Besserung. Was macht das mit ihrer psychischen Gesundheit, was macht das mit ihrem Bild von sich selbst? Wie bilden sie ihre Identitäten aus? Wir wissen es nicht und ich traue mich auch keine Vorhersagen dazu zu treffen. Wir machen gerade auf eine morbide Art Forschung in Echtzeit.

Aus diesen Gründen gibt es mittlerweile sogar Menschen, die sich fragen, ob sie eigentlich noch ein Kind in diese Welt setzen sollten. Ob man es einem Kind zumuten kann, in so einer Zeit aufzuwachsen. Nicht nur, weil Kinder Menschen sind, die wiederum einen CO_2-Fußabdruck haben, sondern weil sie in einer Welt voller Gefahren und Unsicherheiten aufwachsen werden. In Großbritannien gibt es dazu eine ganze Bewegung – den *Birth Strike*. Diese Fragen und ihre Antworten sind sehr individuell und persönlich. Aber allein, dass die Klimakrise sich schon so weit in unsere Psyche gegraben hat, dass Menschen deswegen etwas so tief Verankertes wie einen Kinderwunsch infrage stellen – nicht, weil sie keine Kinder wollen, sondern nur, weil die Zukunft ihnen so düster erscheint –, sollte uns zu denken geben.

Kinder, Ältere, Frauen, Menschen mit Behinderung, naturnah lebende Menschen haben häufig zudem schlechteren Zugang zu Katastrophenschutz, Gesundheitsversorgung und anderen wichtigen Ressourcen im Umgang mit den Klimafolgen. Die alte Omi kann nicht in die Therapiestunde gehen, weil sie vielleicht nur noch eingeschränkt gehen kann. Das verhindert auch, genauso wie ein Rollstuhl, dass sie schnell genug flüchten kann, wenn eine Überflutung droht. Frauen sind häufiger betroffen, weil sie zurückbleiben, um die Familie zu retten – die Kinder und die Älteren – und deswegen nicht mehr entkommen können. Auch sie müssen mehr Hürden bewältigen, wenn sie in eine Psychotherapie kommen sollen, beispielsweise die Sicherstellung ihrer Care-Arbeit.

Absicherung in Anspruch nehmen bedeutet häufig auch bürokratischen und zeitlichen Aufwand, und ich kenne niemanden, der leidenschaftlich gerne solchen Papierkram macht. Dafür muss man die Kraft haben. Depressive oder stark traumatisierte Menschen haben diese Kraft leider oft nicht, genauso wenig wie arme Menschen mit 60-Stunden-Wochen. Unsere sozialen Absicherungssysteme können die Effekte der Klimakrise nur für die abfedern, die auch einen Zugang zu ihnen haben. Wenn es keine Ärzt*innen, keine Psychotherapeut*innen gibt, wo wendet man sich dann hin? Deswegen brauchen wir dringend ein klimaresilientes Gesundheitssystem, das diese besonderen Bedarfe gut im Blick hat.

Der große Elefant im Raum, die größte systematische Ungerechtigkeit ist aber, dass Menschen im globalen Süden, die kaum etwas zur Entstehung der Klimakrise beigetragen haben, am meisten von ihr betroffen sind. Es gibt Menschen auf diesem Planeten, für die es nicht selbstverständlich ist, dass Strom aus der Steckdose kommt oder Wasser aus dem Wasserhahn, für die es nicht selbstverständlich ist, dass genug Essen in den Läden liegt, und für die es nicht selbstverständlich ist, dass sie beim Schlafen ein Dach über dem Kopf haben. Für manche Menschen ist es nicht mal selbstverständlich, dass sie in den nächsten fünf Tagen in Reichweite einer Ärzt*in kommen, wenn sie krank sind, ganz zu schweigen von einer Psychotherapie. Für sie als Teil der MAPA *(Most Affected People and Areas)* ist die Klimakrise bereits heute lebensbedrohlich. So zu tun, als wäre jeder Mensch auf dieser Welt für sich selbst und seine Gesundheit allein verantwortlich, ist angesichts der systematischen Benachteiligung so vieler Menschen auf der Erde nicht nur falsch, sondern unendlich zynisch.

Sind wir Opfer unserer Umstände?

Bitte versteht mich nicht falsch: Ich freue mich für euch, für uns, dass wir die Privilegien haben, mit denen wir in Zentraleuropa aufgewachsen sind. Ich würde sie allen Menschen gönnen. Mit unseren Privilegien kommt aber meiner Meinung nach auch eine Verantwortung.

Es bringt nichts, sich schuldig zu fühlen oder zu schämen, wenn man sich bewusst damit auseinandersetzt, wie privilegiert man auf bestimmten Ebenen ist. Davon geht es anderen Menschen nicht besser. Und wenn diese Gefühle schon auflodern, dann reicht es nicht, bei ihnen stehen zu bleiben. Was aber sehr wohl gegen die Schuldgefühle und die Ungerechtigkeiten hilft, ist, dieses System zu hinterfragen und daran zu arbeiten, dass es gerechter und besser wird.

Klar, das ist – genauso wie die Bekämpfung der Klimakrise – eine ziemliche Überforderung. Wir sind nun mal hier aufgewachsen, in einem System mit diesen Kontexten, Möglichkeiten und Privilegien, aber auch mit den mitgelieferten Handlungsgrenzen. Unser Lebenskontext, unsere Erfahrungen formen unser Gehirn mit – deswegen ist der Kontext, in dem wir aufwachsen, tief in unserem Denken und damit auch in unserer Interpretation der

Welt eingewoben und davon nicht mehr trennbar. Auch unsere Emotionen, die ja auf Bewertungsprozessen in unserem Gehirn basieren, unsere Werte, unsere Moralvorstellungen, soziale Normen, Ideologie, unsere Ressourcen im Umgang mit Stressoren sind also dadurch beeinflusst, wie wir uns die Welt erklären, und werden durch den Kontext, in dem wir leben, mitbestimmt. Dadurch reproduzieren wir die bestehenden Strukturen und Verhältnisse, auch wenn wir das vielleicht gar nicht für richtig halten.

Weil wir in unserer Identitätsbildung von der Gesellschaft abhängig sind, widerstrebt es uns, systemische Voraussetzungen zu hinterfragen. Denn das erfordert nicht nur, dass wir über den Tellerrand hinausblicken und aushalten, dass wir uns schlecht damit fühlen, wie ungerecht dieses System ist, in dem wir leben. Es bedeutet auch, dass wir eine andere Möglichkeit finden müssen, unseren Selbstwert zu definieren. Eine andere Antwort als über Statussymbole und Leistung.

Weil wir die bestehenden Kontexte brauchen und systemisch in sie eingebunden sind, ist es sehr schwer – und scheint manchmal unmöglich –, sich daraus zu befreien. Unsere Entscheidungen in der modernen Welt mögen frei sein, aber sie sind nur »relativ« frei, nicht absolut: Wir sind im Konsumverhalten von den Kaufoptionen abhängig, von der Zeit, die uns zur Verfügung steht; im Mobilitätsverhalten von der Infrastruktur und den Verkehrsmitteln; in unserer Jobwahl von den bestehenden Jobs und den Mietpreisen an unserem Wohnort. Ich könnte diese Liste ewig weiterführen. Wir können nicht einfach mit einer Entscheidung den weltweiten Hunger, globale Ungerechtigkeit und Umweltzerstörung beenden. Selbst wenn wir es noch so sehr wollen.

Wir können das so anerkennen und uns mit der Beschränkung abfinden – oder versuchen, nach und nach die Kontextfaktoren zu verändern. Das schreibt sich leicht, ist es aber nicht. Selbst wenn theoretisch Handlungsspielräume bestehen, bestimmt unser Lebensumfeld ja, inwiefern wir diese Spielräume nutzen können. Ich könnte jetzt sagen: Macht euch halt eure Straßen und eure Spielplätze so, wie ihr sie haben wollt, strickt euch euer Einkaufsangebot im Supermarkt so, wie ihr es haben wollt. Aber da haben wir kaum Einfluss drauf – und wenn wir es versuchen, ist es keine schnelle Sache. Es gibt zwar Bürgeranhörungen und Beteiligungsverfahren, es gibt auch Einkaufskooperativen, in denen man ehrenamtlich in seinem Supermarkt mitarbeitet und dann auch mitbestimmen darf. Aber wer hat die Zeit dafür, in allen diesen Initiativen mitzumachen?

Wir sind schließlich auch in andere gesellschaftliche Zwänge eingebunden – wir müssen Miete bezahlen, einkaufen, Kinder und Großeltern versorgen. Dadurch sind die Zeit und Energie, mit denen wir an der Verbesserung der Umstände arbeiten können, begrenzt. Ich finde es wichtig, anzuerkennen, dass es nicht immer schön ist, in diesen Umständen zu leben. Wir sind mitfühlende Menschen, wir sehen die Ungerechtigkeiten in unserer Gesellschaft, wir würden es vielleicht gerne ändern, wenn wir könnten – aber diese Aufgabe ist riesig.

Und selbst wenn man die Zeit und Energie hätte, ist es eine legitime Frage, warum all das ausgerechnet meine Aufgabe sein soll. Warum soll das mein Bier sein, wenn es sonst niemanden interessiert? Warum bin ich zuständig, wenn das gesamte System was anderes macht?

Darauf kann ich euch echt keine gute Antwort geben. Die muss jede*r für sich selbst finden. Ich kann aber von meinen eigenen Gründen erzählen. Als Psychotherapeutin begegne ich jeden Tag wahnsinnig tollen Menschen. Menschen, die den Mut haben, sich mit sich selbst zu konfrontieren. Sich mit ihren Denkmustern auseinanderzusetzen, ihr Verhalten zu reflektieren, und die dabei durch viele Täler mit unangenehmen Gefühlen gehen. Menschen, die den Mut haben, nicht wegzuschauen, sondern genau hinzusehen. Bei den meisten von ihnen macht es meiner Meinung nach wenig Sinn, die Schuld für ihr Unglück nur bei ihnen selbst zu suchen.

Ich hatte zum Beispiel mal einen Patienten, der mich sehr berührt und auch überrascht hat, weil er nach einer schweren depressiven Phase sein komplettes Leben umgekrempelt hat. Er hat einen gut bezahlten Job (für den er zugegebenermaßen nicht besonders leidenschaftlich war) einfach an den Nagel gehängt und mit Ende Vierzig noch eine Umschulung zum Sozialarbeiter gemacht. Das bedeutete für ihn auch, dass er es sich nicht länger leisten konnte, sein Auto zu behalten. Das Auto war in seinem Freundeskreis aber ein wichtiges Statussymbol, genauso wie eine schicke Wohnung und eine »Vorzeige-Frau«. Hinter seiner Entscheidung für einen anderen Job stand also noch viel mehr – dahinter stand die Frage, wie er seinen Selbstwert definiert, wenn er kein Auto mehr hat, weil er sich zwischen seinem Auto und seiner Wohnung entscheiden musste. Wie viel bin ich in meiner Wahrnehmung und der meiner Freunde wert, wenn ich in diesem Wettstreit darum, wer wie viel Geld verdient und wer sich was leisten kann, nicht mehr mithalten kann? Und was passiert, wenn meine Freunde entscheiden, dass ich nicht mehr dazugehöre?

Vielleicht findet ihr diese Fragen lächerlich, aber ich glaube, dass es wichtig ist, sie nicht so einfach beiseite zu wischen. Hier geht es nicht nur um ein individuelles Selbstwertthema, sondern auch um den Einfluss von sozialen Vergleichen, und genau deswegen hat es mich so sehr beeindruckt, dass er das alles hinterfragt hat. Mein Patient hat nicht nur den Job gewechselt. Er hat es geschafft, *out of the box* zu denken. Er hat es geschafft, sich von kollektiven Erzählungen zu befreien und seine ganz eigene Antwort darauf zu finden, wer er sein will. Jenseits von Statussymbolen, jenseits »von mein Haus, mein Auto, meine Yacht«.

Diese Suche nach neuen Erzählungen begegnet mir immer wieder in meiner Arbeit mit Patient*innen – und ich habe großen Respekt davor, dass sie sich auf die Suche nach anderen Antworten machen. Es inspiriert mich auch, selbst genauer hinzuschauen und Dinge zu hinterfragen, die eigentlich ganz bequem für mich sind. Wenn wir *planetary health* erreichen wollen – die

Gesundheit unseres Planeten und unsere eigene, auch auf einer psychischen Ebene –, dann müssen wir an den Verhältnissen ansetzen, die uns und unseren Planeten krank machen. Das System, so wie es aktuell ist und wie wir in ihm leben, macht uns krank und zerstört unsere Lebensgrundlagen. Es ist alles miteinander verbunden.

Wer will ich sein in dieser Welt?

Lasst uns nicht bei der Problembeschreibung stehen bleiben. Wir müssen uns überlegen, welche alternativen Modelle es gibt, mit denen wir unsere Gesellschaft so umbauen können, dass alle Menschen wirklich glücklich werden können, dass die soziale Schere kleiner wird. Wir müssen, wenn wir die globale Gerechtigkeit stärken und die Ressourcenverschwendung beenden wollen, einen neuen Weg finden, unser Identitäts-Patchwork zusammenzusetzen, als bisher.

Weil die gesellschaftlichen Vorgaben lockerer geworden sind, können Patchwork-Muster heute sehr unterschiedlich sein und trotzdem Anerkennung bekommen. Früher hatte man seine festen Strukturen, blieb für immer dort, wo man geboren wurde, und sah für immer die Menschen, die dort lebten. Heute ist die Gesellschaft flexibler: Wir ziehen häufiger um, wechseln den Job, lernen im Studium komplett neue Menschen kennen. Diese moderne Welt braucht eine andere Form der Beziehungsarbeit, die Globalisierung fordert ganz andere Kompetenzen von uns, als das früher der Fall war. Das gibt uns tendenziell aber auch mehr Freiheit. Wir müssen uns unsere sozialen Netze heutzutage zwar selbst bauen und sie aufrechterhalten, haben dazu aber auch mehr Möglichkeiten: Vereine, Interessensgruppen mit denselben Hobbies, Nachbarschaft, Freundeskreise, Social Media. Ein Vorteil der Mobilität und Globalisierung ist also, dass wir uns die sozialen Beziehungen unserem Patchwork entsprechend aussuchen können. Wir können uns Freund*innen und einen Job suchen, die dazu passen, wer wir sein wollen und was uns glücklich macht.

Eine gute Hilfe, wenn wir uns fragen, wer wir sein wollen in dieser Zeit, die uns gegeben ist, sind unsere Werte. Die waren früher quasi bei Geburt fix eingebaut, heute sind die Leitplanken weiter gefasst und man kann sich seine Werte selbst festlegen. Das Praktische an Werten ist, dass wir sie wie einen Kompass nutzen können. Im Gegensatz zu Zielen kann man sie nicht erreichen und dann abhaken, sondern man muss in jeder Sekunde wieder entscheiden, wie man entsprechend dieser Werte handelt. Wenn man auf dem Kompass immer weiter nach Osten läuft, kommt man da ja auch nie endgültig an. Das heißt, Werte geben uns immer eine Orientierung und wir können sie nicht ganz oder gar nicht, sondern mal mehr und mal weniger erfüllen.

Wenn ihr nicht wisst, was eure Werte sind, kommt hier eine kleine Übung: Lest euch die folgende Liste von Werten durch und überlegt euch für jeden Wert, wie wichtig er für euch ist (zum Beispiel auf einer Skala von 0 bis 10).[44] Sucht euch die Top 5 oder Top 10 dieser Werte raus. Tada – euer Wertekompass ist fertig!

- Akzeptanz
- Authentizität
- Fürsorglichkeit
- Mitgefühl
- Verbindung (mit anderen oder dem Moment)
- Mut
- Kreativität
- Neugier
- Toleranz
- Fitness
- Gesundheit
- Freiheit
- Freundlichkeit
- Spaß
- Dankbarkeit
- Ehrlichkeit
- Humor
- Demut
- Gerechtigkeit
- Herzlichkeit
- Liebe
- Achtsamkeit (für das Hier und Jetzt)
- Aufgeschlossenheit
- Beharrlichkeit
- Respekt
- Verantwortung
- Selbstfürsorge
- Selbstentwicklung
- Genuss
- Sexualität
- Spiritualität
- Vertrauen

Man könnte jetzt zurecht einwerfen: Schön und gut, aber wenn ich aus dem Konsumhamsterrad aussteige und mein Leben an meinen Werten ausrichte, dann ändert das ja am System noch nichts. Ich kann zwar entscheiden, nicht arbeiten zu wollen, und mich nur noch ehrenamtlich um Straßenhunde aus Rumänien kümmern, aber wie soll ich mir das leisten können? Natürlich kann niemand allein eine 180-Grad-Wende hinlegen. Wir können und müssen von vielen verschiedenen Richtungen aus an der Lösung ansetzen und uns in der Mitte treffen, um eine Gesellschaft zu bauen, die innerhalb der planetaren Grenzen funktioniert und uns ein glückliches und gesundes Leben ermöglicht.

Klar ist: Wenn das Problem systemisch ist, reicht es nicht, nur an individuellen Hebeln zu drehen. Wir müssen aktiv werden, um das System zu ändern. Gesellschaftliche Probleme auch gesellschaftlich angehen. Unterschreibt Petitionen, geht auf Demos, redet mit euren Abgeordneten, seid laut. Wir sind der Souverän dieses Landes, wir haben das Privileg freier Meinungsäußerung und wir sollten uns dafür einsetzen, dass die Zukunft eine bessere wird. Dass es auch gegen so manches unangenehme Klimagefühl hilft, gesellschaftlich aktiv zu werden, ist da eine willkommene Unterstützung.

Ein Wertekompass kann die Richtung weisen, in die ich mich politisch und gesellschaftlich engagieren will. Dabei muss die Welt nicht neu erfunden werden, denn Ideen und Ansätze, das bestehende System menschlicher zu machen, gibt es viele. Darunter auch ein paar, die quasi als Wegbereiter anderen Veränderungen die Bahn ebnen können – die die Grundbausteine legen, damit das gesellschaftliche System überhaupt großflächig angegangen werden kann.

Ein Bedingungsloses Grundeinkommen zum Beispiel würde den Menschen notwendige Freiräume zu Veränderung eröffnen, weil eine finanzielle Absicherung neben einer Arbeit mit reduziertem Stundenumfang den Platz schafft, den es braucht, um wertebasierte, sinnerfüllende Dinge zu tun. Ich glaube, unsere

Gesellschaft – und auch unsere Natur – wäre in einem viel besseren Zustand, wenn wir weniger den Fokus aufs finanzielle Überleben setzen müssten und einfach gute Dinge schaffen könnten. Das Leben könnte so schön sein, wenn wir die Zeit hätten, uns für andere einzusetzen, wenn wir die Zeit und den Raum für Kreativität hätten.

Man könnte sich auch dafür einsetzen, dass Care-Tätigkeiten und Ehrenämter als Arbeit anerkannt werden – all die unsichtbare Arbeit, die unsere Gesellschaft zusammenhält. Die Mamas und Papas, die Omas, Opas, Tanten, Onkels, die ehrenamtlichen Fußballtrainer*innen und die Feuerwehrleute – Ehrenamt ist so wichtig, aber oft so unsichtbar und so sehr unterschätzt. Nicht nur in seiner Wichtigkeit, sondern auch, was Wertschätzung und Anerkennung angeht. Diese Leute machen das in ihrer Freizeit – für uns alle. Kate Raworth erklärt unter dem Begriff der *Doughnut-Ökonomie* eindrücklich, wie blind die Wirtschaft für solche unbezahlte Arbeit ist.[45] Vielleicht ist das kein Wunder, weil die Sprache der Wirtschaft nun mal derzeit Geld ist. Wer an alles ein Preisschild packt, der sieht nicht, wie viel eine Umarmung wert sein kann. Aber hoffentlich spüren sie es.

Wir brauchen für die Veränderung des Systems aber nicht nur finanziellen Spielraum. Wir müssen auch neu darüber nachdenken, wie wir als Gesellschaft miteinander umgehen wollen. Wenn wir die traditionellen Werte und Lebensentwürfe hinter uns gelassen haben, dann gibt es keine klaren Vorgaben, keinen Knigge der Gesellschaft mehr. Wir können und müssen dann die Regeln ständig neu aushandeln, mit anderen in den Austausch kommen. Das sieht man zum Beispiel an der hitzig geführten Gender-Debatte. Damit aber alle an gesellschaftlicher Weiterentwicklung und an Debatten teilnehmen können, braucht es Partizipation, Teilhabe und die Fähigkeit, mit Konflikten umzugehen und sie konstruktiv zu lösen.

Die repräsentative Demokratie, wie wir sie aktuell haben, bietet meiner Meinung nach keine ausreichenden Antworten auf diese Herausforderungen. Viele Menschen sind davon enttäuscht, dass Politiker*innen sie nicht verstehen und stattdessen lieber auf Lobbyist*innen hören. Aber wer von uns hat schon mal versucht, mit Abgeordneten zu sprechen? Und ganz abgesehen davon: Wer von uns würde sich selbst zutrauen, den Job gut zu machen? Politiker*innen haben einen extrem vollen Terminkalender. Sie können nicht Expert*in für alle unsere Themen sein und sind darauf angewiesen, dass ihnen andere Menschen vor den entsprechenden Entscheidungen die Informationen so aufbereiten, dass sie möglichst viel in möglichst kurzer Zeit erfahren. Dafür gibt es Referent*innen, die für Politiker*innen arbeiten – aber auch Gespräche mit Expert*innen aus dem jeweiligen Bereich. Das sind die Berufsvertretungen und Verbände. Lobbyist*innen eben. Wenn wir als Bürger*innen unseren Senf nicht abgeben, dann kann er auch nicht verarbeitet werden.

Das ist aber derzeit einfach viel zu umständlich. Klar, es gibt auch heute schon politische Anhörungen. Das Problem mit diesen Anhörungen ist aber oft, dass man nicht wirklich das Gefühl hat, etwas entscheiden zu dürfen (man wird ja schließlich auch nur »angehört«) und dass man selten weiß, zu welchen Themen man überhaupt etwas sagen kann. Außerdem sind diese Anhörungen mit einem durchschnittlichen Arbeits- und Familienleben nicht so richtig vereinbar.

Formate wie der Bürger*innenrat Klima können hier neue Wege eröffnen.[46] In diesem Bürger*innenrat wurden 160 Menschen zufällig und bevölkerungsrepräsentativ (das ist sehr wichtig!) ausgewählt, mit wissenschaftlichen Informationen versorgt und sie haben zusammen ein Maßnahmenpaket entwickelt und abgestimmt, um die deutsche Klimapolitik an das 1,5-Grad-Ziel aus der Pariser Klimakonferenz anzupassen. So ein Bürger*innenrat ermöglicht es Menschen, auf die kollektive Ebene Einfluss zu nehmen – gemeinsam Gesellschaft zu gestalten und weiterzuentwickeln. So können wir die Zivilgesellschaft stärken und

Bürger*innen wieder zum direkte(re)n Souverän ihres Landes machen.

Es gibt auch in der Wirtschaft Ansätze, die eigentlich genau das erreichen wollen: genossenschaftliche Banken zum Beispiel oder solidarische Landwirtschaft. Es gibt kleine Inseln der Utopie, auch wenn sie natürlich über Brücken mit dem Festland unserer alten Wirtschaftsweise verbunden sind.

Wenn ich wüsste, dass Wirtschaft und Politik mir und allen anderen – repräsentativ für die Bevölkerung – zuhören müssten und wir zusammen tatsächlich Regelungen erarbeiten könnten, die dann eins zu eins umgesetzt würden, hätte ich da richtig Lust drauf – vorausgesetzt, ich habe auch die Zeit dafür. Deswegen brauchen wir ein Grundeinkommen und deswegen brauchen wir mehr echte Partizipationsmöglichkeiten.

Ihr seht also – wir stehen nicht völlig blank da. Es gibt Lösungsansätze, sie brauchen nur Unterstützung. Es ist wichtig, dass wir uns dafür einsetzen, dass sie Realität werden können. Unsere Gefühle können dafür ein wichtiger Antrieb für uns sein: Sie sagen uns, wo wir hinwollen und wo der Schuh drückt.

Kapitel 5

Kampf gegen Windmühlen

Wenn man für den Klimaschutz gesellschaftlich und politisch aktiv ist, ist schon mal ein riesiger Schritt getan – gegen die Klimakrise und in der Bewältigung der eigenen Klimagefühle. Aber die Klimakrise ist so riesig und komplex, dass sich die Beschäftigung damit manchmal anfühlt wie der Kampf gegen Windmühlen.

Deswegen ist es wichtig, realistische Ansprüche daran zu stellen, was man erreichen kann und will. Man muss anerkennen, dass große Veränderungen Zeit brauchen und Lösungen nicht morgen Wirklichkeit werden, auch wenn das ziemlich großartig wäre. Eine große Falle für Menschen, die den Ernst der Lage erkannt haben und sich für gesellschaftlichen Wandel einsetzen, ist, dass sie sich komplett aufreiben und am Ende frustriert zurückziehen.

Ich kann mich noch gut an meine Anfangszeit bei Greenpeace erinnern. Das erste Jahr war eine sehr turbulente, bunte, kreative und auch entspannte Zeit bei der Greenpeace Jugend, bevor ich für mein Studium nach Heidelberg zog und dort irgendwann mangels alternativer Kandidat*innen selbst die Koordination einer ehrenamtlichen Greenpeace-Gruppe übernahm. Ich sage das so unspektakulär, weil es das damals auch war. Wir waren fünf Leute. Regelmäßige Plena, Infostände, Unterschriftensammlung – das alles hat wenig vom Schlauchbootabenteuer, das man sonst mit Greenpeace assoziiert. Aber es waren gleichgesinnte, nette Menschen, mit denen die Arbeit Spaß gemacht hat. Ich habe in den Weiterbildungen und über die Kampagnen unglaublich viel darüber gelernt, was in unserer Welt schiefgeht und warum. Wenn die Seifenblase einmal geplatzt ist, wenn man aus der Illusion einer (bereits jetzt) gerechten und heilen Welt aufgewacht ist, dann kann man nicht mehr zurück. Es hat eine unglaubliche Faszination, Teil von Kampagnen zu sein, die daran etwas ändern. Das ist kollektive Selbstwirksamkeit. Natürlich macht eine einzelne Unterschrift, die ich vielleicht gesammelt habe, keinen großen Unterschied, aber zusammen kann man einiges reißen.

Für einen selbst ist Aktivismus eine gute Möglichkeit, Klimagefühle zu verarbeiten. Ich habe ja schon erklärt, dass ein gutes *meaning-focused coping* im Umgang mit Klimagefühlen beinhaltet, dass man aktiv wird und problemlösend handelt. Anders gesagt: Es fühlt sich einfach sinnvoll und gut an, wenn man an der ganzen Sch*** da draußen etwas ändern kann und diese Belastung und Gefühle auch mit anderen Menschen teilt.

Dann kam 2011 das Reaktorunglück in Fukushima – das war ein Wendepunkt für meinen Aktivismus. Unsere Ortsgruppe wuchs auf 60 ehrenamtlich Aktive an, wir musste unsere Treffen anders organisieren, weil so viele Themen, so viele Aktive und so lange Diskussionen andere Strukturen brauchen. Auf diese Weise lernt man im Aktivismus übrigens nicht nur Inhaltliches über Probleme und Lösungen in dieser Welt – man lernt auch viele Softskills. Ich hatte früher unglaubliche Präsentationsangst. Mit zwölf habe ich kaum den Mund aufbekommen, wenn ich mir ein Eis bestellen wollte. Wenn ich das Greenpeace-T-Shirt anhatte, war das etwas anderes. Ich war ja nicht nur ich, ich war Repräsentantin einer Organisation. Greenpeace ist Teil meiner Identität geworden. Als Psychologin finde ich die Frage übrigens sehr spannend, ab wann Menschen sich so sehr mit einer Organisation oder Bewegung identifizieren, dass sie von »unserer Kampagne« und »wir fordern« sprechen.

Nicht nur ich, auch andere berichten, dass sie im Aktivismus viele neue Dinge gelernt und Fähigkeiten entwickelt haben.

Man lernt, selbstbewusst andere Leute anzusprechen, seine Meinung zu verteidigen, Diskussionen gewinnbringend zu führen, mit Politiker*innen zu sprechen, Vorträge zu halten, handwerkliche Fähigkeiten und vielleicht sogar Klettern, Bootfahren, Tauchen oder Fliegen. Man erfährt naturwissenschaftliche Zusammenhänge und lernt rechtliche Grundlagen kennen – Versammlungsrecht zum Beispiel. Man kann im Aktivismus wirklich über sich hinauswachsen – es geht ja schließlich auch nicht um einen selbst. Aktivismus stellt uns vor immer neue Herausforderungen und im besten Fall wachsen wir daran.

Es gibt aber auch Schattenseiten gesellschaftlichen Engagements. Das, was man vielleicht manchmal abfällig »Vereinsmeierei« nennt. Immer, wenn Menschen in Gruppen zusammenarbeiten, kann es zu Konflikten kommen. Und gerade, wenn Menschen mit viel Leidenschaft dabei sind, sind sie weniger kompromissbereit. Das kann Gruppenprozesse erschweren und dann braucht es gute Prozesse und Strukturen, um mit solchen Schwierigkeiten umzugehen. Sonst geschieht nämlich das Gegenteil positiver Bestärkung: Die Schwierigkeiten in so einer Gruppe werden dann belastend und gesellen sich zu den Problemen, die man eigentlich lösen wollte, noch dazu – dann fühlt sich die Krise noch unbezwingbarer an.

Wenn die Kultur und Prozesse einer Bewegung es befeuern und persönliche Faktoren dazukommen, kann Aktivismus sogar zu einem Burnout führen. Das ist eine ernstzunehmende Bedrohung, nicht nur für die Betroffenen, weil dadurch der Fortbestand der Bewegung in Gefahr geraten kann. Auch mein Aktivistinnenleben war und ist zwischendurch ordentlich stressig. Ich will in diesem Kapitel noch mal genauer darauf eingehen, welche Belastungen gesellschaftliches Engagement – neben all den positiven Aspekten – mit sich bringen kann und wie man verhindern kann, dass Menschen in ein *Activist Burnout* geraten. Ich bin jetzt schon über zehn Jahre aktivistisch unterwegs und konnte persönlich und aus der Forschung einige gute Ideen dazu sammeln.

Wenn man bisher wenig aktivistisch oder ehrenamtlich tätig war, klingt dieses Thema vielleicht erstmal arg spezifisch. *Activist burnout*, ist das nicht ein Problem einiger weniger? Tatsächlich ist das Ausbrennen und Wegbrechen von Aktivist*innen aber einer der wesentlichen Gründe für das Scheitern von sozialen Bewegungen oder Umweltbewegungen. Und damit nicht nur ein weit verbreitetes Thema, sondern in Bezug auf essenzielle Herausforderungen wie die Klimakrise auch spielentscheidend für unsere ganze Gesellschaft. Wenn nicht genug Leute laut Änderungen einfordern und anstoßen, geht es nicht, das haben die letzten Jahrzehnte gezeigt. Ein guter Grund, genauer hinzuschauen!

Burnout – was ist das?

Ein Burnout ist die absolute Notbremse von Psyche und Körper, wenn man sich über eine längere Zeit komplett überarbeitet hat. Wenn man sehr für etwas brennt, dann hat man die Tendenz, sich zu verausgaben – das macht dem Körper und der Psyche Stress. Und chronischer Stress ist nicht gut für unseren Körper.

Man kann sich das im Körper so vorstellen: Die menschliche Lebensenergie wird von zwei Gegenspielern im *autonomen* (nicht willentlich gesteuerten) *Nervensystem* gesteuert. Der *Sympathikus* ist für Energiebereitstellung zuständig, der *Parasympathikus* für Ruhe. Wenn also etwas Stressiges oder sehr Emotionales passiert, dann wird der *Sympathikus* aktiv und sorgt dafür, dass das Herz schneller schlägt, der Blutdruck ansteigt, man schneller atmet, mehr schwitzt, die Muskelspannung steigt, die Pupillen sich verengen, die Verdauung und das Immunsystem runtergefahren werden und man schlechter schlafen oder Sex haben kann. Die Stressreaktion ist dazu da, Menschen in den Kampf- oder Fluchtmodus zu versetzen. Menschen haben es allerdings heute nur noch selten mit den klassischen Säbelzahntigern zu tun. Die Klimakrise lässt sich schlecht von Angesicht zu Angesicht bekämpfen und es ist auch nicht wirklich üblich, dem Chef eins auf die Nase zu geben, wenn einem nicht passt, was er sagt. Man kann vor Klimakrise (und Chef) auch schlecht weglaufen.

Wenn viele stressige Situationen aufeinanderfolgen, ohne dass es eine ausreichende Pause gibt, dann stauen sich Stresshormone an, weil es keine Zeiten gibt, in denen man sie abreagieren kann (Kampf oder Flucht). Dann schaukelt sich das System im chronischen Stress immer weiter hoch. Das kann auf all den vom *Sympathikus* gesteuerten Ebenen Probleme machen: Man kriegt dauerhaften Bluthochdruck, im schlimmsten Fall einen Herzinfarkt (dafür müssen aber noch ein paar andere Faktoren dazukommen), man kriegt Muskelverspannungen, vielleicht Panikattacken, Kopfschmerzen, einen Reizdarm, ständige Erkältungen oder sexuelle Unlust.

Ignoriert man diese krassen Warnsignale weiter, dann kommt irgendwann der totale Zusammenbruch. Der Körper und die Seele ziehen die Notbremse. Ein ausgewachsenes Burnout ist ähnlich wie eine Depression – die Betroffenen kommen nicht mehr aus dem Bett, die Energie für alles fehlt, sie können sich nicht mehr an den Dingen freuen und sind chronisch mit sich unzufrieden.

Es gibt ein paar Risikofaktoren, die anfälliger für ein Burnout machen. Zum Beispiel eine starke Ausrichtung am Leistungs- und Wettbewerbsdenken, Perfektionismus, schlecht »Nein« sagen zu können, keine Beziehung zu haben (Partner*innen verlangen eben, dass man nicht immer arbeitet), Ungeduld und Pessimismus, die eigenen Grenzen zu ignorieren oder nicht gut zu kennen (deswegen auch: junges Alter). In der westlichen Welt leben wir heute in einem kulturellen Kontext, der geprägt ist von Selbstökonomisierung, der Entgrenzung von Arbeit und einem starken Leistungsmotiv. Das hilft definitiv nicht bei der Vermeidung von Burnouts.

Es gibt natürlich nicht nur individuelle, sondern auch gesellschaftliche Faktoren und spezifische Arbeitskontexte, die das Risiko eines Burnout erhöhen: eine hohe Arbeitsbelastung mit großer Komplexität und Intensität und/oder wenig Vorhersagbarkeit, wenig Einfluss auf Entscheidungen, wenig Anerkennung, fehlendes Gemeinschaftsgefühl und fehlende soziale Unterstützung, Ungerechtigkeiten und Wertekonflikte.

Klingt ein bisschen wie eine Arbeitsplatzbeschreibung für Aktivist*innen, oder? Die Klimakrise/der Rassismus/[die Krise eurer Wahl] schläft nicht und es gibt unzählige Anknüpfungspunkte. Es gibt immer etwas zu tun in solchen Bewegungen und es gibt immer zu wenige Menschen, die Verantwortung übernehmen wollen, zu wenige Schultern für all die Aufgaben. Aktivismus findet neben der Lohnerwerbsarbeit und den Care-Tätigkeiten statt, die man sonst vielleicht noch so an der Backe hat. Der Rhythmus für diese Arbeit wird von außen vorgegeben – von Wahlterminen, UN-Konferenzen (Klimakonferenzen, Artenschutzkonferenzen ...), IPCC-Veröffentlichungen, Aktionärsversammlungen und anderen Events. Auch wenn man innerhalb der Bewegung, abhängig von der Organisationsform, oft viel Gestaltungsspielraum hat, hat man nur begrenzt Einfluss darauf, was Entscheidungsträger*innen am Ende entscheiden. Auch Wertschätzung und soziale Unterstützung für Aktivismus sind unterschiedlich groß. Aktivistische Arbeit findet in der »Freizeit« statt, weswegen die Arbeit oft unter »Hobby« verbucht und ihr Arbeitscharakter unterschlagen wird, was dazu führt, dass man die Belastung oft nicht ernst genug nimmt.

Teufelskreis *Activist Burnout*

Zwei Kolleg*innen von mir, Kathrin Macha und Georg Adelmann, haben einen wunderbaren Beitrag über *Activist Burnout* geschrieben, den ich kurz für euch zusammenfassen will.[47] Die Entstehung von *Activist Burnout* kann man – ganz verhaltenstherapeutisch – sehr gut als Teufelskreis verstehen:

Eigentlich ist es ja der bestmögliche Umgang mit Klimagefühlen, wenn man sich für Klimagerechtigkeit engagiert und aus der

Ohnmachtsstarre rauskommt. Bei einem chronischen und komplexen Problem wie der Klimakrise ist in unserer Lebzeit aber kein Ende zu finden. In der Klimabewegung gibt es das geflügelte Wort »das ist ein Marathon und kein Sprint«. Stimmt. Manche starten trotzdem im Sprint-Tempo, weil die Dringlichkeit so hoch ist, und dann geht einem zwangsläufig irgendwann die Luft aus und man muss ein bisschen langsamer machen.

Gefühle haben neben der emotionalen, der gedanklichen und der körperlichen Komponente ja auch den Verhaltensimpuls. Wenn man hier exzessiv wird, also versucht, einfach superviel zu machen, um die Klimagefühle wegzukriegen, anstatt sie einfach mal zuzulassen, dann hat man sich sozusagen in einen Aktivismus-Workaholic verwandelt und steuert über kurz oder lang auf ein Burnout zu. Aktivismus verspricht hier eine angenehmere und produktivere Lösung der Probleme, als sich mit seinen Gefühlen auseinanderzusetzen. Damit ignoriert man aber zum Teil die Bedürfnisse hinter den Gefühlen – Trauer um ausgestorbene Arten zum Beispiel kann nicht einfach weggearbeitet werden. Enttäuschung von der Politik oder die Angst vor einer unvorhersehbaren Zukunft muss man schon auch auf der emotionalen Ebene verarbeiten, wie Ojala beim *meaning-focused Coping* beschreibt. Es ist ein Sowohl-als-auch, kein Entweder-oder. Wie so oft im Leben.

Warum schlagen manche Menschen diesen Weg des exzessiven Aktionismus ein, obwohl der auch wahnsinnig anstrengend ist? Grüße gehen raus ans kapitalistische Leistungsmotiv und die daraus folgenden gedanklichen Bewertungsprozesse: Menschen machen das, weil sie unrealistische Erwartungen haben – an sich selbst oder an die Ziele, die sie erreichen müssen, oder daran, welche Ziele sie in welcher Zeit erreichen sollten.

Es hat auch damit zu tun, welche Aktivismusvorbilder man sich sucht. Wir sind nicht alle eine Luisa Neubauer oder eine Greta Thunberg. Klar, Martin Luther King ist ein leuchtendes Vorbild – wer wäre nicht gerne herausragend, wenn man sich schon engagiert? Aber auch die haben es nicht allein geschafft, sondern nur mit anderen zusammen. Wir erzählen gerne Geschichten von einzelnen Held*innen, vergessen aber, dass die nur so viel Einfluss hatten, weil sie Teil einer Bewegung waren, weil sie die Macht der vielen hatten, die mit ihnen zusammen das Problem schulterten. Da macht sich wieder die Macht der sozialen Normen bemerkbar – wenn eine Person etwas sagt, wird sie leicht beiseite geschoben oder für verrückt, für alarmistisch erklärt. Wenn viele Leute es sagen, dann haben wir einen umgekehrten *Bystander Effekt* – einen *social tipping point*, an dem sich die öffentliche Meinung wandelt. Dafür brauchen wir die Pionier*innen, die sich den Gesichtern einer Bewegung anschließen. Manchmal ist es einfach Zufall, dass man zur richtigen Zeit am richtigen Ort und deswegen von Anfang an dabei war, aber ohne die anderen sind die Held*innen so einer Bewegung niemand.

Deswegen wäre es ein fataler Fehler, die Rolle zu unterschätzen, die Leute in den weniger glamourösen Teilen der Bewegung haben – wie wichtig die unsichtbaren Helfer*innen sind, die das Ganze tragen. Ohne Mampf kein Kampf: Es braucht zum Beispiel Leute, die im Hintergrund Essen zubereiten, die Plakate aufhängen, die die Bühne und die Technik durch die Gegend karren, aufbauen und abbauen, es braucht die Leute, die die Treffen moderieren und ein offenes Ohr für Konflikte haben. Wir sollten nicht unterschätzen, wie wichtig der Beitrag jedes*r Einzelnen ist. Wir sind nicht gut darin, diese Leute als Held*innen zu feiern und ihnen die gebührende Wertschätzung und Aufmerksamkeit zu geben. Und das ist ein wichtiger Faktor, der zur Entwicklung von Burnout beitragen kann – wenn zu wenig Wertschätzung dafür gelebt wird, dass sich Leute komplett aufreiben und ranklotzen. Ein *Mismatch* zwischen der benötigten oder gefühlt gerechtfertigten Anerkennung und der Wertschätzung, die tatsächlich ankommt, ist ein Problem.

Bei Aktivismus geht es ja nicht nur um die inhaltliche Sache – auch andere Bedürfnisse werden damit erfüllt. Das Bedürfnis nach Anerkennung und Selbstwert zum Beispiel, im besten Fall auch das Bedürfnis nach Bindung und Lustgewinn. Und das tut dem Engagement keinen Abbruch. Es ist einfach ein Tribut daran, dass wir Menschen sind. Das darf man nicht vergessen.

Eine ganz wesentliche Stellschraube zur Verhinderung von *Activist Burnout* ist also eine gute, vor allen Dingen realistische Planung und eine wertschätzende und unterstützende Bewegungskultur.

Zum Thema *realistische Ziele* – klar, die Warnungen der Klimawissenschaft sind deutlich und drängend, es muss schnell etwas passieren. Es ist schwer, wenn das auf die Langsamkeit gesellschaftlicher Veränderung prallt. Um da realistische Ziele aufzubauen, ist es wichtig, sich nicht nur mit den naturwissenschaftlichen Erkenntnissen und technologischen Lösungen zu beschäftigen, sondern auch Erkenntnisse aus den Sozialwissenschaften miteinzubeziehen. Es ist einfach nicht realistisch, das Verhalten aller Menschen in einem Staat oder sogar auf der gesamten Welt nur durch Information und Appelle zu verändern. Erst recht nicht innerhalb von acht Jahren. Da muss ich euch leider enttäuschen. Ich habe mir auch jahrelang den Kopf über diese Herausforderung zerbrochen, die umweltpsychologischen Modelle der Verhaltensveränderung im Kopf hin und her bewegt und fast schon verzweifelt überlegt, wie wir alle überzeugen können. Aber das geht nicht.

Macht nichts: Das müssen wir auch gar nicht, den sozialen Normen und sozialen Kipppunkten sei Dank. Dafür ist das Wissen aus der Sozialpsychologie wichtig und dafür ist es auch wichtig, Politikwissenschaftler*innen, Kommunikationswissenschaftler*innen, Soziolog*innen, Historiker*innen und Bildungswissenschaftler*innen mit in der Klimabewegung zu haben. Denn die wissen, wie gesellschaftliche Transformation geht. Okay, vielleicht nehmen wir die Ökonom*innen auch noch mit auf, für die wirtschaftliche Veränderung – aber von denen nur die mutigen Vordenker*innen, die *out of the box* denken können (ich denke mit Grauen an die absolut nicht hilfreichen Antworten »Du bist, was du kaufst« und »Du bist, was du leistest« auf Identitätsfragen, die Ökonom*innen uns in der Vergangenheit beschert haben).

Zurück zu den realistischen Zielen. Ich habe schon mit vielen Aktivist*innen gesprochen, die Sachen sagen wie »seit einem Jahr protestiere ich jede Woche, aber es passiert einfach nichts«. Erstens: Das stimmt nicht. Und zweitens: Ein Jahr ist einfach zu kurz. Gesellschaftliche Veränderung braucht Jahre, große Veränderungen brauchen sogar Jahrzehnte, wenn sie nicht über soziale Kipppunkte disruptiv-schnell passieren (darauf komme ich später nochmal zurück). Realistische Ziele zu setzen, beinhaltet für mich einen wesentlichen Aspekt, der leider im ehrenamtlichen Kontext oft zu kurz kommt: Man braucht einen guten Plan – eine Strategie für die Veränderung. Blinder Aktionismus mit totalen Bullshit-Aktionen ohne Impact bringt uns nicht weiter, der erschöpft uns nur. Sorry.

Klar kann es schön sein und sich sinnvoll anfühlen, an einem Infostand Unterschriften zu sammeln. Vielleicht kommen dabei sogar zwei bis drei gute Gespräche rum. Man wird aber halt auch viel ignoriert und genervt angeguckt oder sogar angepöbelt. Am Ende kann man stolz sein, wenn man nach einem Nachmittag um die 80 Unterschriften gesammelt hat. Online geht das deutlich schneller, oder wenn man auf ein Event geht, zu dem man Menschen erwartet, für die das Thema eh eine Herzensangelegenheit ist – auf einer Demo zum Beispiel. Ich habe also nichts gegen Unterschriftensammlungen per se – ich habe was dagegen, einen unverhältnismäßig großen Aufwand zu betreiben, mit dem man am Ende wenig bewegt. Dafür haben wir keine Zeit und frustrierend ist es auf Dauer auch.

Ein anderer Aspekt ist in dem Beispiel auch schon angeklungen: Engagiert man sich, stößt man nicht selten auf Gegenwind. Im Aktivismus trifft man zwar nette Leute, Gleichgesinnte, mit denen man coole Aktionen machen kann, es gibt aber oft auch einen Bruch mit der Umgebung – irgendwie logisch, denn wenn die gesamte Umgebung das Thema als genauso wichtig einschätzen würde wie man selbst, wäre vermutlich längst mehr passiert. Passant*innen, Freund*innen und Familie finden es vielleicht extrem, was man da macht, fühlen sich (unausgesprochen, aber implizit) angegriffen, fangen unschöne Diskussionen an oder ziehen sich von einem zurück.

Die Gründe für Gegenwind aus der Gesellschaft oder dem privaten Umfeld können ganz unterschiedlich sein: fehlendes Problembewusstsein oder Verdrängung, Ideologie; Menschen, die das eigene Weltbild oder Privilegien nicht aufgeben wollen, sich mit den eigenen Klimagefühlen nicht auseinandersetzen wollen oder sich beschämt, beschuldigt oder angegriffen fühlen und dann *reaktant* werden. Manchmal sind Aktivst*innen daran auch nicht ganz unbeteiligt – wenn man schlechte Klimakommunikation betreibt, wenn man andere Leute angreift oder beleidigt, dann kann man nicht erwarten, dass sie einem offenen Herzens zuhören. Bei Aktionen zivilen Ungehorsams bricht man gesellschaftliche Konventionen, was Anfeindungen und auch Gewalt zur Folge haben kann. Ich spreche hier nicht nur, aber auch von Polizeigewalt.

Bitte denkt jetzt nicht, dass ich eine polizeibashende »ACAB«-Schreierin bin. Bin ich nicht. Ich sehe den Job der Beamt*innen als einen der härtesten in unserer Gesellschaft an. Die müssen überall da hin, wo wirklich keiner hin will, und sind selbst Anfeindungen ausgesetzt. Wenn man die Menschen hinter der Uniform sieht, kann man keine generelle Verurteilung aussprechen. Polarisierung beginnt mit fehlender Differenzierung. Trotzdem: Auch in der Polizei gibt es natürlich Fehlverhalten, manchmal auch unverständliche Reaktionen und Eskalation.

Unrealistische Ansprüche an sich selbst und Gegenwind aus der Gesellschaft können zu einer Desillusionierung von Aktivist*innen führen: Man merkt, dass man an den eigenen Ansprüchen scheitert, und ist enttäuscht von dem (vermeintlich) Wenigen, das man erreichen konnte. Wenn man dann nicht so gut mit Gefühlen umgehen kann, kann das dazu führen, dass man gereizt und zynisch wird. Zynismus und ständige Gereiztheit, ein Gefühl von Gehetztsein und fehlendes Zur-Ruhe-Kommen – das sind die ersten Vorboten eines Burnouts. An dem Punkt wäre definitiv Pause angesagt. Im besten Fall aber schon regelmäßig vorher, damit es gar nicht erst so weit kommt.

Wenn man nämlich ständig nörgelig, gereizt und zynisch ist, ist man auch nicht mehr die angenehmste Zeitgenoss*in. Dann verbringen Leute erstens ungern Zeit mit einem – positive Erlebnisse fallen also als Ausgleich weg – und es gibt auch häufiger Streit. Viele überarbeitete Aktivist*innen erzeugen am Ende einen dicken Konflikt in der Gruppe. Wenn dabei noch Menschen aufeinandertreffen, die nicht gut über ihre Gefühle und Bedürfnisse sprechen können oder sich das nicht erlauben, dann wird es schwer, die Konflikte konstruktiv zu lösen. Konflikte in der Gruppe tragen dann wieder dazu bei, dass alle noch gereizter und gestresster werden. Ein grundsätzliches Problem in ganz vielen Gruppen (im Ehrenamt genauso wie auf der Arbeit) ist, dass sich Gruppen häufig erst mit den Themen Kommunikation, Feedbackkultur, Strukturen und Prozesse beschäftigen, wenn es wirklich dringend wird, weil es schon knirscht, man inhaltlich nicht mehr weiterkommt oder die Gruppe auseinanderfällt. Der Enthusiasmus des Anfangs und die Leidenschaft gehen verloren, man fühlt sich vielleicht seltsam entfremdet, stellt sich Sinnfragen und ist komplett erschöpft.

Dann steckt man schon mitten im Teufelskreis. Denn nebenher besteht die ursprüngliche Motivation für das Engagement ja weiter. Die Klimakrise schreitet fort, die Arten sterben weiter aus, Menschen im globalen Süden leiden, die Welt ist ungerecht, die Politik zu langsam, die Wirtschaft blockiert. Gerade wenn man nicht so reflektiert ist und ein starkes verinnerlichtes Leistungsmotiv hat, kann das dazu führen, dass man versucht, die Erschöpfung einfach dadurch auszugleichen, dass man länger arbeitet. Wenn man platt ist, ist man nicht so effizient, deswegen macht man einfach »Überstunden«. Vielleicht kommt dann noch eine Portion (selbst-)abwertende Gedanken dazu à la »ich bin halt einfach zu faul« oder »ich muss das aber machen, weil es sonst keiner macht« oder »wenn ich das nicht mache, denken die anderen, ich bin unzuverlässig«. Die Überforderung und Belastung nehmen zu, man macht mehr Fehler, braucht noch länger, arbeitet dann noch länger, um das auszugleichen … und arbeitet sich so in einem Strudel immer weiter ins Burnout rein, bis man zusammenbricht und aus der Bewegung rausfällt.

Durch so einen unfreiwilligen Ausstieg aus der Bewegung fallen Freundschaften und schöne Erlebnisse in der Bewegung weg, das Aktivist*innensein als Identitätsanteil geht verloren, die (Selbst-)Anerkennung und der Selbstwertboost dadurch, dass man »das Richtige tut«, fallen weg. Am Ende droht eine saftige Depression. Das klingt fies (ist es auch) und sollte tunlichst vermieden werden.

Activist Burnout verhindern

Wenn man selbst in aktivistischen Kontexten unterwegs ist, dann gibt es einige Ansatzpunkte, an denen man einhaken und eine Burnoutentwicklung verhindern kann. Nicht nur in Bezug auf sich selbst, sondern auch in Bezug auf die ganze Bewegung.

In Bezug auf sich selbst hilft es, sich klarzumachen, was man besonders gut kann, welchen Beitrag man also für eine Transformation leisten kann, und sich dafür auch mit anderen zusammenzutun. Keiner kann die Nachhaltigkeitskrisen allein lösen. Ihr solltet euch überlegen, was eure Erwartungen an euch selbst sind: Wie viel von der Krise schultert ihr und ist das realistisch? Was ist der Wirkbereich, in dem ihr aktiv werden könnt und wo überschätzt ihr vielleicht eure Einflussmöglichkeiten? Welche Bedürfnisse befriedigt ihr mit eurem Engagement? Geht es nur um die Sache? Oder geht es auch um Beziehungen, Kontakt zu Gleichgesinnten, Spaß, Anerkennung,

Selbstwert? Alles ist ok. Abhängig von euren Antworten könnt ihr dann nach Fallstricken suchen.

Wenn es euch unter anderem darum geht, einfach Spaß mit anderen zu haben, die aber selbst im reinen Inhaltsmodus sind, kann das dazu führen, dass man mit ganz unterschiedlichen Erwartungen zu Gruppentreffen geht. Die einen wollen einfach möglichst effizient die Tagesordnung durchkloppen, ihre Aufgaben zugeteilt bekommen und dann wieder abhauen. Die anderen wollen vielleicht danach noch nett zusammensitzen und quatschen.

Aus psychologischer Sicht würde ich hier für ein Sowohl-als-auch statt eines Entweder-oder plädieren. Die Beziehungen zwischen Menschen, die zusammenarbeiten, sind sehr wichtig – fast immer funktioniert Zusammenarbeit besser, wenn man sich gegenseitig kennt, weiß wie der andere tickt, sich aufeinander einstellen kann, Vertrauen zueinander hat. Das heißt, dass es auf der strukturellen Ebene im besten Fall Räume für beides geben sollte: Treffen oder Tagesordnungspunkte, die ganz klar strukturiert und auf Arbeit fokussiert sind; solche, in denen über Abläufe und Prozesse reflektiert wird (also Gruppenorganisationsthemen); und Zeiten, die für Socializing da sind: nett zusammen essen, bei einem Getränk zusammensitzen und so weiter. Eine Miniversion davon kann schon sein, am Anfang und am Ende abzufragen, wie es den Leuten geht. Dann kann man sich als Moderator*in darauf einstellen, wie belastbar Einzelne gerade sind und wo man vielleicht aufpassen muss, jemanden nicht zu überladen.

Zum Thema Ansprüche und Erwartungen gehört auch, sich eine gute Strategie auszudenken. Was sind die Ziele einer Kampagne oder Aktion? Wie kann das Ziel erreicht werden, wer hat die Entscheidungskompetenz darüber? Wie kann diese Person davon überzeugt werden? Was sind die Schritte, die es auf dem Weg braucht? Welche Zwischenziele gibt es? Welche Zielgruppen müssen wir erreichen, um die Entscheidungsträger*innen bewegen zu können? Wie erreichen wir die? Mit welchen Botschaften, Bildern, Aktionsszenarien? Wann ist der richtige Zeitpunkt für die einzelnen Maßnahmen? Und viele weitere solche Fragen. Klar ist das anstrengender, als sich zu denken »hey, ich hab' Lust, mal ne Podiumsdiskussion zu machen«, und dann einfach einen Saal und Speaker*innen zu organisieren. Eine planlose Aneinanderreihung solcher Maßnahmen kann zwar Spaß machen, hat aber wahrscheinlich weniger Impact als aufeinander aufbauende, gezielte Aktionen. *Get your strategy straight!* Es gibt viele Schulungsangebote zu dem Thema – so etwas lege ich euch sehr ans Herz, wenn ihr euch langfristig engagieren wollt.

Es lohnt sich auch, sich als Gruppe Gedanken über die Arbeitsorganisation zu machen: Welche Aufgaben passen zu wem, welche Rollen gibt es in einer Gruppe oder was können/müssen Leute noch lernen, um ihre Aufgaben gut erfüllen zu können? Welche Posten sollen gewählt werden und wie oft? Wie teilt man Aufgaben auf und sorgt für Verbindlichkeit, wie viel Spielraum gibt es hier für Nachsicht? Sorgt dafür, dass Menschen ersetzbar sind. Es muss ok sein, wenn man als Ehrenamtliche*r mal keine Zeit hat. Macht Backup-Pläne und findet Stellvertreter*innen für Urlaubszeiten und Krankheitsausfälle; sorgt dafür, dass Zugänge, Passwörter und inhaltliches Wissen irgendwie festgehalten werden und nicht einfach verloren gehen, wenn jemand die Gruppe verlässt. Bindet alte Aktivist*innen-Hasen, die übergeordnete Organisationsebene und neue Gesichter gleichermaßen in die Prozesse ein.

Was potenziellen Gegenwind aus der Gesellschaft und dem Umfeld angeht, würde ich empfehlen, auch in Bezug auf andere die eigenen Ansprüche zu reflektieren. Seid milde-anspruchsvoll mit den anderen. Einerseits sind wir als Klimaaktive immer Vorbilder für andere und können neue soziale Normen etablieren, andererseits ändern sich die wenigsten Leute freiwillig, wenn wir sie anmeckern. Denkt mal drüber nach, wie lange ihr gebraucht habt, um an dem Erkenntnisstand anzukommen, an dem ihr gerade seid. Was hat euch dabei weitergebracht? Woher kam die Initiative, sich mit den Themen zu beschäftigen? Was sind vielleicht offensichtliche Einflüsse, was eher softere Faktoren? Oft kommen verschiedene Faktoren zusammen, bis irgendwann der entscheidende Moment kommt, in dem Menschen aktiv werden. Das ist eine Entwicklung. Mit *einem* Gespräch werdet ihr andere Menschen nicht komplett umkrempeln. Das von ihnen und von euch selbst zu erwarten, ist eine Überforderung. Für beide Seiten.

Wenn der Gegenwind zu stark ist, sucht euch Gleichgesinnte, die euch den Rücken wieder stärken und bei denen ihr auch Unmut abladen könnt. Das solltet ihr aber nicht vor und mit den Leuten tun, die ihr zur Veränderung motivieren wollt.

Ein wichtiges Thema in diesem Kontext sind Hass und Hetze in unserer Gesellschaft. Gewalt gegenüber Ehrenamtlichen nimmt zu, nicht nur gegenüber Umweltaktivist*innen, sondern zum Beispiel auch gegenüber Feuerwehrleuten und Rettungspersonal.[48] Mir macht diese Entwicklung große Sorgen. Wie paranoid oder enttäuscht oder realitätsfremd muss man sein, um Menschen, die es gut mit anderen Menschen meinen, dafür anzugreifen? Wenn euch Hass und Hetze im Netz begegnen, dann meldet kriminelle Inhalte bei Hate Aid[49] oder bei Hassmelden.[50] Widersprecht, schreibt positive Kommentare zu den Beiträgen, lasst die Betroffenen nicht mit einem Shitstorm allein, wenn ihr die Kraft dazu habt! Genauso ist es auch bei (verbaler) Gewalt, die ihr öffentlich beobachtet: Versucht zu helfen, wenn ihr euch nicht selbst gefährdet; ruft die Polizei dazu, wenn etwas eskaliert. Wir brauchen mehr Solidarität und Zivilcourage.

Innerhalb einer Bewegung sollte man darauf achten, wertschätzend miteinander umzugehen, damit der Gegenwind von außerhalb der Bewegung innerhalb ein Gegengewicht bekommt. Feiert kleine Zwischenerfolge, traut einander etwas zu, bedankt euch, wenn jemand eine Aufgabe übernommen und erledigt hat. Gebt aufeinander Acht, wenn ihr bei jemandem Stress bemerkt. Sprecht über Konflikte, sprecht über eure Klimagefühle, den Frust und die Unsicherheiten im Engagement. Begegnet euch als Menschen, versucht eure Utopie von einer Gesellschaft schon in der Bewegung umzusetzen. Fragt euch, welche Werte ihr habt und wie ihr im Umgang miteinander sein wollt. Gebt euch interne Spielregeln und klare Zuständigkeiten, beschäftigt euch mit Fragen wie: Wer ist für die Klärung von Konflikten zuständig? Wie kann in der letzten Instanz auch damit umgegangen werden, wenn Konflikte nicht gelöst werden können, wenn also jemand aus der Gruppe ausgeschlossen werden muss? Wie kann ein faires Verfahren dafür aussehen? Und bitte, klärt diese Fragen nicht erst, wenn es brennt, sondern schon vorher. Einen Ehevertrag macht man ja auch, bevor man feststellt, dass es auf eine Scheidung hinausläuft.

Grundsätzlich gilt – wie immer im Leben: An Fehlern wächst man und Dinge müssen immer wieder neu ausgehandelt werden. Das ist in ehrenamtlichen Strukturen nicht anders. Seid auch da verständnisvoll und offen füreinander.

Vom Klima stressen lassen?

An der Tatsache, dass *Activist Burnout* überhaupt ein Thema ist, sieht man schon, dass Engagement zwar in der Freizeit stattfindet, aber eben kein simples Hobby ist, das nur der Lebensfreude dient. Unsere Gesellschaft zu einer besseren zu machen, ist Arbeit. Unbezahlte Arbeit, aber eben Arbeit. Sie lohnt sich, sie kann unglaublich schön sein, aber sie braucht Zeit und Ressourcen.

Unabhängig davon, wie man sich für den Klimaschutz einsetzt – im Kleinen oder im Großen, privat oder auf der Straße, 24/7 oder einmal im Monat –, kommt manchmal einfach Stress auf. Die Probleme erscheinen riesig, der eigene Wirkungsbereich so klein. Das Klima kann ganz schön anstrengend sein. Wenn man sich gestresst fühlt, der Kopf schlechter zur Ruhe kommt, man schlechter schläft oder es schwerfällt, alle Aufgaben zu erledigen, sollte man gegensteuern.

Ihr erinnert euch sicher noch an die beiden Gegenspieler im *autonomen Nervensystem*, den Energie-Nerv *Sympathikus* und den Ruhe-Nerv *Parasympathikus*. Nerven kommunizieren über Botenstoffe und elektrische Signale – die Botenstoffe der Stressreaktion heißen *Adrenalin*, *Noradrenalin* und *Cortisol*. *Adrenalin* kennt man – das ist das Kitzeln im Bauch, wenn man Achterbahn fährt, oder der Aufregungsflash, wenn man überrascht wird. *Adrenalin* und *Noradrenalin* gehen schnell hoch und auch schnell wieder runter, wenn uns etwas in Aufregung – also Stress – versetzt. Die beiden sind in Bezug auf Burnout eher weniger problematisch. Das Problem beim chronischen Stress heißt *Cortisol*. Das wird nämlich bei anhaltendem Stress erst nach ein paar Minuten ausgeschüttet und es braucht auch länger, bis Cortisol wieder abflaut. Wenn also ständig neue Stressreize nachkommen, dann schaukeln sich die Cortisolwellen hoch, bis das Fass überläuft.

Wenn zu viel Cortisol im Körper ist, kann sich das zum Beispiel als Panikattacke bemerkbar machen – oder in Spannungskopfschmerzen oder Schlafstörungen oder was auch immer die Vorliebe des jeweiligen Körpers bei Dauerstress ist. Der Abbau eines Cortisolüberschusses kann echt lange dauern – wenn man vorher lange und viel Stress hatte, läuft das auch mal monatelang. Deswegen ist ein Burnout echt kein Spaß und auch keine schicke Auszeichnung für die fleißigsten Arbeiter*innen. Es dauert eine gefühlte Ewigkeit, da wieder rauszukommen.

Deswegen ist es übrigens extrem sinnvoll, dass im Bundesurlaubsgesetz festgelegt ist, dass ein Urlaub im Jahr mindestens 12 Tage am Stück dauern soll.[51] 12 Tage, weil es meiner Erfahrung nach mindestens eine Woche dauert, bis der Stress abgebaut ist und man überhaupt anfängt, sich so richtig zu entspannen. Dann hat man zumindest noch ein paar Tage für echte Erholung.

Mit einer Stressreaktion des Körpers gehen auch starke Körperreaktionen einher – das Herz klopft einem zum Beispiel bis zum Hals, wenn man auf ein Date geht, und man hat Herzrasen, wenn man Angst hat. Was also sowohl im Umgang mit Stress als auch im Umgang mit starken Gefühlen wichtig ist, ist, die körperliche Ebene nicht außer Acht zu lassen. Was ausgeschüttet wird, muss auch wieder abgebaut werden. Stressabbau auf der körperlichen Ebene also.

Die erste, sehr effektive Stellschraube dazu ist Bewegung. Stresshormone sollen ja Energie bereitstellen, damit wir reaktionsfähig sind: Kampf oder Flucht. Da ist es nur logisch, dass wir diese Energie und die Stresshormone entsprechend mit Bewegung abbauen können. Die Empfehlung der Weltgesundheitsorganisation ist 20–45 Minuten moderate Bewegung am Tag und zusätzlich mindestens zweimal pro Woche ein Krafttraining für alle Muskelgruppen.[52] Viele Menschen haben in der Coronapandemie das Spazierengehen für sich entdeckt. Ein Spaziergang im Wald oder am Strand – also die Kombination von Bewegung mit Naturerfahrung – kann schon kleine Wunder bewirken. Wenn gerade kein Wald oder Strand zur Verfügung steht, tut es auch eine halbe Stunde Yoga oder beim Musikhören durch die Wohnung zu tanzen. Man kann Bewegung auch super in den Alltag integrieren, etwa indem man mit dem Fahrrad zur Arbeit fährt. Dann hat man das schon mal abgehakt. Wenn man akut im Stress ist, lohnt sich eine Pause und eine Runde Joggen um den Block.

Ja, ja, ich höre in meinem Kopf schon die Antwort: Dafür habe ich keine Zeit. Ich arbeite, schmeiße den Haushalt, kümmere mich um Klimaschutz – und jetzt soll ich noch joggen? Das klingt vielleicht zu viel, es winkt aber ein Win-Win: Wenn man nicht gestresst ist, ist man nämlich meistens auch effizienter – das heißt, man kriegt Aufgaben schneller erledigt und fühlt sich auch noch besser.

Die zweite Methode des Stressabbaus funktioniert wie im Schlaf. Also, tatsächlich im Schlaf. Melatonin – das Schlafhormon – ist der Gegenspieler von Cortisol. Die Ausschüttung von Cortisol und Melatonin wird abhängig vom Tag-Nacht-Rhythmus gesteuert. Cortisol macht uns wach am Tag, Melatonin macht uns müde in der Nacht. Das heißt aber auch, dass im Schlaf sozusagen Stress abgebaut wird, weil der Gegenspieler des Cortisols, unser Freund Melatonin, aktiv ist. Deswegen ist die Nacht durchmachen und Schlafentzug in Lernphasen an der Uni, vor Projektabschluss auf der Arbeit und in der Nacht vor der nächsten Großdemo in Sachen Stressabbau eine wirklich dumme Idee.

Die meisten Erwachsenen brauchen etwa 7 bis 9 Stunden Schlaf pro Nacht. Wie viel genau, sagt einem der eigene Körper, indem man sich danach ausreichend erholt fühlt. Man kann dem Körper nicht auf Dauer ein niedrigeres Schlafbedürfnis angewöhnen, aber das Schlafbedürfnis verändert sich im Laufe des Lebens. Babys schlafen zwischen 14 und 17 Stunden am Tag, Erwachsene so 7 bis 9 Stunden, bei Senior*innen können es 5 bis 8 Stunden sein. Wenn ihr jetzt partout nicht wisst, wie groß euer Schlafbedürfnis ist, dann würde ich euch empfehlen, das im nächsten Urlaub auszuprobieren. Wenn ihr die erste Woche Erholung und Stressabbau hinter euch habt, müsstet ihr das Schlafdefizit des Alltags gut aufgeholt haben. Schaut mal in der zweiten Urlaubswoche, nach wie viel Stunden Schlaf ihr entspannt aufwacht und euch denkt »jetzt könnte ich aufstehen« – das ist eure Zahl.

Um Dauerstress zu unterbrechen und die Entspannung anzuregen, können auch Entspannungsübungen und Meditation helfen. Die sorgen zwar nicht dafür, dass Stresshormone aktiv abgebaut werden (so wie beim Sport), aber immerhin aktivieren sie den *Parasympathikus*, wir beruhigen uns und der Stresshormonspiegel sinkt. Ich persönlich mag das *Autogene Training* gerne und auch *Imaginationsübungen*, die man super mit *Meditationstechniken* verbinden kann, weil man diese gedanklichen Techniken immer und überall anwenden kann. Ok, beim Autofahren vielleicht nicht, aber wenn man zum Beispiel mit den öffentlichen Verkehrsmitteln pendelt, kann man die Augen kurz schließen (kein Muss, hilft aber) und im Kopf die Entspannungsübung ablaufen lassen. Es gibt Kurse, in denen man Entspannungsverfahren wie *Autogenes Training* oder *Progressive Muskelentspannung* lernen kann, aber auch auf YouTube wird man fündig. Was bei wem funktioniert, ist typabhängig, da lohnt sich ausprobieren.

Eine weitere Stellschraube ist gesunde Ernährung. Auch die kann zwar nicht dabei helfen, Stresshormone abzubauen, aber sie kann dafür sorgen, dass die negativen Auswirkungen der

Stresshormone auf den Körper abgemildert werden. Dafür sind besonders entzündungshemmende und antioxidative Lebensmittel hilfreich und viel (Wasser) trinken.

Wenn ihr jetzt denkt, das ist nun in einen Vortrag zu gesunder Lebensführung ausgeartet: ja. Gesundes Leben ist halt gesünder. Da kann ich auch nichts dran ändern. Gut für sich selbst zu sorgen bringt uns nicht nur einen Schritt näher zu einer menschlicheren Gesellschaft, sondern sorgt auch dafür, dass diejenigen, die sich das Thema Klima auf die Fahnen schreiben, am Ball bleiben. Denn es wird ja ein Marathon …

Kapitel 6
Klimaresilienz

Hier kommt eine bittere Wahrheit: Wir werden es nicht mehr schaffen, die Klimakrise oder das Artensterben komplett zu verhindern. Wir stecken ja schon mittendrin.

Darum müssen wir mindestens zweigleisig fahren im Umgang mit den Krisen:

1. *Mitigation:* Wir müssen konsequent retten, was noch zu retten ist, und verhindern, was noch zu verhindern ist.
2. *Adaptation:* Gleichzeitig müssen wir anfangen, uns an die unvermeidbaren Veränderungen auf diesem Planeten anzupassen.

Im Umgang mit der Klimakrise müssen wir also eine radikale Verminderung der CO_2-Emissionen erreichen und uns zugleich schon mal daran anpassen, dass Extremwetterereignisse häufiger, Sommer trockener und der Meeresspiegel höher werden.

Die Diskussion um Mitigation versus Adaptation wird ganz oft falsch verstanden als ein Entweder-oder. Verkehrter könnte man unsere Lage auf diesem Planeten nicht einschätzen: Es reicht leider nicht, die Emissionen bis 2050 runterzudrehen, aber die jetzt schon realen Auswirkungen des Klimawandels zu ignorieren. Dafür stecken wir schon zu tief drin und ein solcher Fokus wäre allein deswegen fatal, weil wir damit diejenigen vulnerablen Gruppen, die schon heute massiv betroffen sind, im Stich lassen würden. Noch realitätsfremder ist aber die Annahme, dass die Menschheit sich (mit schlauer Technik oder so) schon irgendwie an die Klimakrise anpassen können wird und es sich viel mehr lohnt, sich auf diese Anpassung zu fokussieren, statt das Emissionsproblem anzugehen. Das ist wieder so ein Verzögerungsdiskurs – eine Klimaschutzausrede, mit der man beruhigt in den SUV steigen und gen Zukunft brausen kann.

Ich will ehrlich sein: Wir bewegen uns in eine Zeit der Multikrisen hinein. Die Zeiten, in denen man eine Krise abarbeiten und sich anschließend mit der nächsten Krise beschäftigen konnte, sind leider vorbei. Wir haben mehrere Brandherde und es werden sicher noch welche dazukommen, um die wir uns gleichzeitig kümmern müssen: Pandemien, Extremwetterereignisse, Krieg, Artensterben.

Eine gute Nachricht habe ich aber auch: Weil die Ursachen der Probleme miteinander verbunden sind, sind es die Lösungen auch. Wenn man also die richtigen Lösungen sucht, dann kann man mit dem Drehen an einer Stellschraube mehrere Probleme gleichzeitig entschärfen. Das gilt sowohl für die Ursachenbehebung als auch für die Anpassungsstrategien.

Lasst uns über Anpassungsstrategien reden – ein großes Thema in der Psychologie! Anpassungs- und Widerstandsfähigkeit, das Wachsen an den Herausforderungen des Lebens, nennt man in der Psychologie *Resilienz*.

Wenn jemand »Klimaresilienz« oder »Anpassungen an die Klimakrise« sagt, geht es meist um rein physische Aspekte. Etwa darum, wie wir uns mit Deichen vor einem erhöhten Meeresspiegel oder Starkregen schützen können. Auch in der Medizin, zum Beispiel am Potsdam Institut für Klimafolgenforschung, gibt es bereit Forschung dazu, was man tun kann, um den körperlichen Folgen der Klimakrise etwas entgegensetzen zu können – zum Beispiel Mangelernährung vorzubeugen oder Kühlungskonzepte für Gebäude zu entwickeln, um die Auswirkungen von Hitze zu reduzieren.[53] Bei Letzterem geht es übrigens nicht nur darum, dass man sich zuhause wohler fühlt. Wenn es zu heiß für menschliche Körper wird, hat das auch wirtschaftliche Auswirkungen. Bei 43 Grad im Büro ist die Konzentration einfach schnell nicht mehr möglich und das hat Auswirkungen auf die Arbeitskraft. Da gibt es so einige körperliche und logistisch-physikalische Aspekte, über die man nachdenken muss.

Das alles ist enorm wichtig, denn ohne Essen oder mit überflutetem Haus lebt es sich nicht besonders gut – eigentlich lebt es sich sogar gar nicht. Aber auch diese Medaille hat (Überraschung!) eine psychische Seite. Wenn wir im gekühlten Haus hinter dem drei Meter hohen Damm sitzen, kann sich das immer noch ziemlich bedrohlich anfühlen, auch wenn die unmittelbare Lebensgefahr erst mal gebannt ist. Damit müssen wir auch im Kopf klarkommen.

Resilienz ist ein ziemlich gut erforschtes Gebiet in der Psychologie und außerdem ein total faszinierendes – unsere Psyche ist nämlich unter den richtigen Voraussetzungen erstaunlich anpassungsfähig und kann sich sogar extremen Situationen so anpassen, dass wir handlungsfähig, freundlich und glücklich bleiben. Die allgemeinen Erkenntnisse der Psychologie über Resilienz lassen sich auch auf den Umgang mit der Klimakrise übertragen.

Psychische Resilienz ist weniger eine Eigenschaft als eher ein Prozess, eine Entwicklung. Wir sind kein Stück Metall, das je nach Material mehr oder weniger biegsam ist und sich bei Druck anpasst, sondern wir entwickeln uns weiter, können an Herausforderungen wachsen. Im Gegensatz zu Metallen sind wir eben lebendige Organismen. Wir sind lernfähig, unsere Psyche wächst im besten Fall an schwierigen Situationen. Das heißt im Umkehrschluss natürlich auch, dass wir Resilienz nur entwickeln können, wenn wir mit Herausforderungen auch konfrontiert werden. Je häufiger wir mit Problemen konfrontiert sind, die unsere *Resilienzmechanismen* nicht total überfordern, sondern uns nur weit genug aus der Komfortzone schieben, dass wir in der Lernzone landen, desto besser werden wir im Umgang mit Problemen. Wenn man sich das irgendwie aussuchen kann, sollte man sich also Herausforderungen suchen, die zwar außerhalb der eigenen Komfortzone liegen, einen aber auch nicht komplett kaputtmachen. Kleine Schritte.

Die Klimakrise bringt einige Herausforderungen mit, an denen wir wachsen können und müssen. Individuell zum Beispiel, die Frage »wer bin ich?« nicht mehr mit dem Konsum von Statussymbolen zu beantworten oder neue Identitätsanteile in Bezug auf den Beruf oder den Wohnort zu finden, wenn man gezwungen ist, diesen zu wechseln.

Resilienz kann aber auch auf der gesellschaftlichen Ebene stattfinden: Als Gesellschaft müssen wir einen anderen Umgang mit Krisen finden, in dem wir nicht mit Fremdenfeindlichkeit auf Migration antworten und nicht mit Klopapier-Hamsterkäufen auf Krisenwarnungen reagieren. Wir müssen wieder mehr miteinander reden und Verständnis füreinander entwickeln, statt aggressiv zu werden und uns in Schuld- und Neiddebatten zu verstricken.

Schauen wir uns also an, was Menschen resilient macht. Für verschiedene Menschen funktionieren verschiedene Dinge besser, daher ist das eine ganze Liste an Dingen.

Individuelle Resilienz

In jedem Individuum gibt es genetische (also vererbbare) und nichtgenetische Faktoren dafür, wie resilient die eigene Psyche ist – man erinnere sich an das *biopsychosoziale Modell.* Auf die genetischen Resilienzfaktoren hat man leider wenig Einfluss, etwa auf die Grenzen des eigenen Gedächtnisses oder wie groß unsere Ängstlichkeit im Sinne der Alarmbereitschaft des Gehirns ist.

Die allermeisten Faktoren für eine resiliente Psyche haben wir aber selbst in der Hand. Von der eigenen Persönlichkeit (ja, die kann man beeinflussen!) bis hin zu den sozialen Netzen, die man sich aufbaut, gibt es da jede Menge.

Persönlichkeit

Die psychologische Forschung hat einige Persönlichkeitseigenschaften identifiziert, die einem Menschen mehr Resilienz verschaffen: Entscheidend ist, wie offen, freundlich und hilfsbereit eine Person ist, wie zäh (*hardiness*) oder optimistisch.

Das kommt jetzt vielleicht überraschend, aber die Persönlichkeit eines Menschen ist zum Teil Einstellungssache. Wir können unser Denken weiterentwickeln und verändern, und damit langfristig auch unsere Persönlichkeit. Es gibt ein Sprichwort, das ich gerne in der Therapie nutze, wenn Menschen zu mir kommen, die sehr schüchtern sind und denken, dass sie sich niemals verändern können, weil sie »einfach so sind«:

> Achte auf Deine Gedanken, denn sie werden zu Worten.
> Achte auf Deine Worte, denn sie werden zu Handlungen.
> Achte auf Deine Handlungen, denn sie werden zu Gewohnheiten.
> Achte auf Deine Gewohnheiten, denn sie werden Dein Charakter.
> Achte auf Deinen Charakter, denn er wird Dein Schicksal.

Das klingt vielleicht ein bisschen nach Kalenderspruch (ok, ich bin mir sicher, das ist auf irgendeinen Kalender gedruckt), ist aber ziemlich gut psychologisch begründbar. Unsere Denkprozesse – die auch durch Lebenserfahrungen beeinflusst sind – beeinflussen zum Beispiel, wie neugierig wir auf neue Situationen zugehen oder wie sehr wir mit Enttäuschungen rechnen und deswegen gar nichts Neues ausprobieren. Unsere Lebenserfahrungen beeinflussen auch, welche Einstellungen wir gegenüber anderen Menschen haben und ob wir erwarten, dass es sich lohnt, anderen zu helfen oder freundlich auf sie zu reagieren. Wenn wir oft die Erfahrung gemacht haben, dass wir ausgenutzt werden oder andere Menschen gemein zu uns sind, dann werden wir in Zukunft weniger auf sie zugehen, freundlich und offen sein und auch weniger Hilfe anbieten oder Hilfe annehmen.

Das Problem dabei ist, dass wir oft ein bisschen wahrsagerisch unterwegs sind. Wir tun so, als ob wir genau wissen würden, dass andere Menschen in neuen Situationen genauso auf uns reagieren werden, wie wir das aus der Vergangenheit kennen. Die Zukunft ist aber nicht vorhersehbar. Ein bisschen können wir die Reaktion anderer auf uns schon auch steuern, je nachdem, wie wir auf sie zugehen (außer bei wirklich hoffnungslosen Fällen). So wie man in den Wald hineinruft, schallt es oft auch heraus.

Wenn man häufig enttäuscht wurde, Ablehnung erfahren hat oder auf die Nase gefallen ist, dann erfordert es viel Mut, das anders zu machen und wieder offen und freundlich auf andere zuzugehen. Schafft man das, wird es möglich, eine andere, neue Erfahrung mit Menschen zu machen. Zu merken, dass sie vielleicht doch nicht ganz so gemein sind, wie man vorher gedacht hat. Dann kann sich der Blick auf die Welt verändern. Dann kann man lernen, dass um Hilfe bitten manchmal zur Folge hat, dass man Hilfe bekommt, und dass man sein Leid mit anderen teilen kann. Dann halten wir Krisen besser durch. Wir können also an unseren Denkmustern arbeiten, unsere Persönlichkeit verändern und so resilienter für Krisensituationen werden.

Religiösität und/oder Werte

Religiösität beziehungsweise Spiritualität hält uns zwar potenziell davon ab, etwas fürs Klima zu tun (siehe Kapitel 1), aber kann uns im Gegenteil auch helfen, Krisenzeiten zu überstehen. Das hat damit zu tun, dass es Menschen hilft, wenn sie einen Sinn sehen in dem, was ihnen passiert – und zwar nicht nur intellektuell, sondern auch gesundheitlich.

Der israelisch-amerikanische Medizinsoziologe Aaron Antonovsky stellte in den 1970er-Jahren ein Modell der *Salutogenese* auf, also ein Modell der Gesundheitsentstehung. Er bildete damit ein Gegengewicht zu jenen Wissenschaftler*innen, die – voll im damaligen Trend – fleißig erforscht haben, was Menschen alles krank macht, und legte stattdessen den Fokus auf die Frage, was Menschen eigentlich gesund macht. Damit hat er einen wichtigen Beitrag zur Resilienzforschung geleistet, auch wenn die damals noch gar nicht so hieß. Antonovsky betont, wie wichtig es ist, einen Sinn in Erlebnissen zu finden, um sie in die Erzählung der eigenen Lebensgeschichte einbetten zu können. Das hilft bei der Verarbeitung und es hilft auch, daran zu wachsen. Er benennt als drei Voraussetzungen, um Resilienz zu entwickeln: das Erlebte zu verstehen, es handhaben zu können und das Erleben von Sinnhaftigkeit.

Man muss aber nicht zwangsweise religiös sein, um einen Sinn in dem zu finden, was man erlebt. Für mich sind es meine Werte, die mir eine Antwort auf die Frage nach der Sinnhaftigkeit meiner Erlebnisse geben. Entsprechen meine Handlungen den Werten, die ich für mich anstrebe, etwa Fürsorge, Sicherheit oder Fairness? Welche Art von Mensch möchte ich in dieser schweren Zeit sein? Wie will ich am Ende auf mein Leben zurückblicken können, was will ich meinen Enkeln darüber erzählen können, wie ich gehandelt habe?

Ein konsequenteres Ausrichten des Handelns an den eigenen Werten kann einem die Sinnhaftigkeit geben, die man braucht, um Probleme und Krisen in einen Zusammenhang einzubetten und mit ihnen umgehen zu können. Das macht uns resilienter.

Gender

Auch das eigene Gender kann Resilienz stärken oder schwächen. Einerseits sind Frauen* zum Beispiel von Extremwetterereignissen stärker betroffen, sie sind aber häufig auch so sozialisiert, dass sie besser über ihre Gefühle sprechen können und sich mehr soziale Unterstützung holen. Das wiederum stärkt ihre Resilienz. Resilienzfaktoren sind also auch nicht immer eindeutig – und einige erwirbt man über das Leben.

Als Eltern oder Freund*innen männlich sozialisierter Menschen* kann man diesen zum Beispiel den Rücken stärken, indem man ihnen vorlebt, wie man über Gefühle spricht und dass es ok ist, wenn man traurig ist oder Angst hat, auch als Mann*. Man kann den Menschen in seiner Umgebung vorleben, dass man um Hilfe bitten und Hilfe annehmen darf, wenn man allein nicht weiterweiß. Davon bricht einem kein Zacken aus der Krone und man wird davon auch nicht weniger »stark« oder »männlich«.

Emotionale Kompetenzen

Wichtig im Umgang mit Krisen ist auch, wie wir mit den Gefühlen und dem Stress umgehen, die durch die Krise ausgelöst werden. In Bezug auf die Klimakrise habe ich dazu ja schon einiges gesagt. Wichtig für die Resilienz ist, dass man gut unterscheiden kann, welches Gefühl man gerade hat und welches Bedürfnis dahintersteckt. Das ist eine Kompetenz, die man erlernen und entwickeln kann.

Menschen können unterschiedlich gut verschiedene Gefühle unterscheiden – manche unterteilen nur zwischen gut und schlecht. Manche empfinden jegliche Form von körperlicher Anspannung und Stress als Angst, auch wenn eigentlich vielleicht eher Wut oder eine Trauerreaktion dahinterstecken, aber sie wissen nicht, wie diese Gefühle sich anfühlen und vielleicht noch nicht mal, dass es eine größere Bandbreite als »gut = glücklich« und »schlecht = Angst« gibt. Das hängt auch davon ab, wie gut ihnen diese Gefühle von ihren Eltern oder anderen Bezugspersonen *gespiegelt* wurden, wie gut Erwachsene ihnen also rückgemeldet haben, welches Gefühl sie wohl gerade haben und warum. Irgendwoher müssen wir die Vokabeln für das, was in uns passiert, ja lernen.

Innerhalb der Basisemotionen gibt es noch viel mehr Facetten. Freude als angenehme Basisemotion zum Beispiel hat noch Unterfacetten wie Stolz und Dankbarkeit. Diese Unterfacetten kann man oft nicht unbedingt am Körpergefühl unterscheiden, sondern eher von der Situation ableiten, in der das Gefühl auftritt, und insbesondere von den Gedanken, die mit dem Gefühl einhergehen. Dafür muss ich aber auch gelernt haben, meine Gedanken aus einer Vogelperspektive zu beobachten, also über meine Gedanken nachzudenken. Auch das haben nicht alle Menschen gelernt – und es ist abhängig vom Alter, weil man es im Laufe des Lebens eben erst erlernen muss.

Kinder können sich noch nicht so gut regulieren wie Erwachsene. Das hängt damit zusammen, dass ihr Gehirn noch in der Entwicklung ist. Noch in der Pubertät strukturiert sich der Teil des Gehirns um, der für Handlungsplanung, Emotionsregulation und Sozialverhalten zuständig ist (der Teil direkt hinter der Stirn). Deswegen brauchen vor allem Babys und Kleinkinder, aber auch ältere Kinder die Hilfe und den Schutz von Erwachsenen. Als Erwachsene müssen wir den Kindern helfen zu verstehen, was gerade bei ihnen los ist, und uns mit ihnen darum kümmern, dass sie das bekommen, was sie gerade brauchen. Resilienzfaktoren sind also, nicht nur in Bezug auf die Emotionsregulation, auch altersabhängig unterschiedlich. Als Kinder brauchen wir eine Familie, die uns gut hält – als Jugendliche sind es dann vielleicht eher die Freund*innen.

Je feiner wir verschiedene Gefühle wahrnehmen und unterscheiden können, desto leichter fällt es uns, herauszufinden, was wir eigentlich gerade brauchen. Das ist wichtig, damit wir uns gut um uns kümmern können oder um Hilfe fragen, wenn wir das alleine nicht schaffen. Als Erwachsene ist es dann übrigens unsere eigene Aufgabe, uns um unsere Gefühle und Bedürfnisse zu kümmern – dafür ist nicht die Mama oder der Partner oder die Freundin zuständig.

Genauso ist es mit der Befriedigung unserer körperlichen und psychischen Grundbedürfnisse allgemein: Essen, Trinken, Schlafen, warm genug angezogen sein, ein Dach über dem Kopf haben, Sex, Bewegung. Und natürlich auf der psychischen Seite: Beziehungen, Selbstwert, Spaß und Sicherheit. Wir müssen also selber gut für uns sorgen – dann sind wir weniger »dünnhäutig« und besser gewappnet für die nächste Krise.

Mir fällt auf, dass es vielen Leuten schwerfällt, sich um sich selbst zu kümmern. Es scheitert oft schon daran, ausreichend zu schlafen, ausreichend zu trinken und sich genug zu bewegen. Mit einem kleinen Augenzwinkern denke ich da gerne an den 5-Finger-Schlechte-Laune-Kurzcheck von Eckart von Hirschhausen:

1. Wann habe ich zuletzt was gegessen?
2. Wann habe ich mich zuletzt unter freiem Himmel bewegt und durchgeatmet?
3. Wann habe ich zuletzt geschlafen?
4. Mit wem?
5. Und warum?[54]

Wenn man Probleme dabei hat, sich selbst zu umsorgen, muss man eigentlich nur auf die eigenen Emotionen hören. Sie geben wunderbare Hinweise, dazu sind sie schließlich da.

So nett es von der Evolution war, uns die Superpower der Gefühle mitzugeben, so unfair ist die Balance zwischen unangenehmen und angenehmen Basisemotionen. Es gibt einfach viel mehr von den unangenehmen. Und dann ist es auch noch so, dass sich unangenehme Erfahrungen im Gehirn viel mehr einbrennen.

Daher ist es wahnsinnig wichtig, für eine gute Balance zu sorgen. In der Glücksforschung spricht man von einem Verhältnis von 3 zu 1.[55] Mindestens drei positive Erlebnisse sollten auf jedes negative kommen, damit wir langfristig zufrieden sind. Wenn man unsere Alltagsgestaltung mit dieser Prämisse mal unter die Lupe nimmt, dann ist es nicht besonders verwunderlich, dass viele Leute total unzufrieden sind – insbesondere in ihren 30ern und 40ern, also der Phase, in der man Kinder großzieht, (Groß-) Eltern pflegt, arbeitet und am Ende wenig Zeit für sich selbst hat.

Wir brauchen angenehme Emotionen, weil wir an ihnen wachsen und sie negative Erfahrungen abpuffern. Freude und Interesse machen uns kreativ, sie eröffnen uns Lernräume, in denen wir spielerisch neue Dinge ausprobieren. Das benötigen wir, um auf Probleme und Krisen zu reagieren. Außerdem helfen uns angenehme Gefühle, einen anderen Blickwinkel auf das einzunehmen, was uns passiert. Und das ist der nächste wichtige Resilienzbaustein …

Reframing (Umbewertung)

Ich hatte ja schon darüber gesprochen, dass es uns hilft, wenn wir einen Sinn in dem finden können, was uns passiert. Will man gut durch eine Krise kommen, hilft es enorm, etwas Positives in den Problemen zu sehen, mit denen man konfrontiert ist. Das nennt man *positives Reframing*. Damit will ich nicht sagen, dass ihr euch die Klimakrise schönreden sollt.

Lasst es mich an einem weniger global-komplexen Problem als der Klimakrise erklären. Stellt euch vor, bei jemandem ist die Beziehung in die Brüche gegangen. In dieser Situation gibt es bestimmt viele Aspekte, die sehr traurig sind, und es braucht Raum dafür, traurig sein zu können. Gleichzeitig (aufgepasst – das ist ein sehr wichtiges Wort!) kann die neue Situation aber nicht *nur* als schlimm, sondern auch als gut bewertet werden. Das Singleleben hat einige Vorzüge: Man kann zum Beispiel selbst entscheiden, was es zu essen gibt und wann, man muss sich viel weniger auf jemand anderen einstellen, man kann feiern, wie man lustig ist, vielleicht sogar endlich in die Traumstadt ziehen, in der man immer leben wollte. Zäsuren im Leben bieten immer auch den Raum für Veränderung – eine Möglichkeit, die wir dafür nutzen können, unser Leben wieder mehr an dem auszurichten, was uns wirklich wichtig ist.

In diesem Sinne stellt uns die Klimakrise die Frage, wer wir sein wollen und was uns wirklich wichtig ist. Wenn wir verstehen, wie ernst die Lage ist, reißt sie uns aus unserem bisherigen Trott raus und stellt alles infrage. Das ist verunsichernd und gleichzeitig (!) ist es eine riesige Chance.

An der Formulierung mit der Gleichzeitigkeit sieht man schon, dass Resilienzmechanismen komplex sind und dadurch auch unsere emotionale Komplexität zunimmt. Die Gleichzeitigkeit zu denken trainiert auch unsere *Ambiguitätstoleranz. Ambiguität* ist ein psychologischer Fachbegriff, der im Endeffekt aussagt, dass das Leben nicht eindeutig ist – es ist nicht schwarz oder weiß, meistens reichen nicht mal verschiedene Graustufen. Das Leben ist bunt. Wenn wir das akzeptieren und diese verschiedenen Facetten gut balancieren können – also zu einem Gesamtbild, einem *uneindeutigen* Gesamtbild, für uns zusammensetzen können –, dann haben wir eine gute *Ambiguitätstoleranz.*

Sicher, ich hätte es auch gerne manchmal einfach(er). Ist es leider nicht. Müssen wir mit klarkommen. Das erlaubt uns dann auch, toleranter gegenüber anderen Menschen zu sein, die oft völlig andere Blickwinkel auf die Welt haben. Da sind wir auch wieder bei Kapitel 1 – unsere Gehirne sind einfach zu begrenzt für die eine, allumfassende Wahrheit.

Selbstwirksamkeit und Selbstwert

Zum Thema Selbstwert könnte man eine ganze Bibliothek voller Bücher schreiben, ich will mich aber mal kurzfassen. Der Selbstwert ist der Wert, den man sich selbst zuschreibt. Er ist also eigentlich auch unabhängig von den Urteilen anderer Menschen. Mit viel Selbstwert kann man sich selbst innerlich sagen: »Nö, der hat Unrecht, ich bin voll ok so wie ich bin.« Ich denke, es ist einleuchtend, dass Menschen, die sich selbst wertschätzen, in Krisensituationen besser zurechtkommen.

Oft richten wir uns aber an den Urteilen anderer Menschen über uns aus – wir sind ja auch soziale Wesen und wollen gemocht werden und Anerkennung bekommen. Wählt die Leute weise, deren Urteile ihr annehmt, und überlegt euch, inwiefern es euch weiterbringt, das zu glauben, was andere über euch sagen.

Menschen mit gutem Selbstwert sind oft selbstfürsorglicher, selbstsicherer und selbstbewusster. Okay, schon klar, das sind jetzt sehr ähnliche Wörter.

Mit *Selbstfürsorge* meine ich, wie gut man sich um sich selbst kümmert – also wie gut man die eigenen Bedürfnisse beachtet und sich darum kümmert, dass die befriedigt werden. Das sind oft Kleinigkeiten, zum Beispiel ob ich mir erlaube, mit dem Fahrstuhl zu fahren, wenn ich eine schwere Tasche habe, oder ob ich mich nach dem Duschen eincreme, wenn ich trockene Haut habe – oder auf die Toilette gehe, wenn ich gerade muss. Manche Menschen gönnen sich das nicht und sind ziemlich ruppig mit sich selbst. Wir müssen uns gut um uns selbst kümmern, um Phasen von Krisen und Transformation durchzuhalten. Selbstfürsorge ist eigentlich ein *No-Brainer*: Es ist klar, warum die wichtig ist. Trotzdem fällt es vielen Leuten echt schwer, sich selbstfürsorglich um sich zu kümmern. Wir haben einiges an Stress, der uns die Zeit dafür klaut, und Glaubenssätze, die verhindern, dass wir uns Selbstfürsorge erlauben: »Reiß dich einfach mehr zusammen, sei nicht so egoistisch, Eigenlob stinkt«.

Dabei lernt man es in jeder Sicherheitseinweisung vor einem Flug: Fallen die Sauerstoffmasken von der Decke, dann muss man erst sich selbst versorgen und anschließend anderen die Maske aufsetzen. Warum? Wenn man selbst ohnmächtig ist, kann man anderen nicht helfen. Genauso ist es in der Klimakrise und der gesellschaftlichen Transformation auch. Wir müssen die richtige Balance zwischen Selbstaufopferung und egoistischem Hedonismus finden; Selbstfürsorge eben. Dabei helfen uns unsere Gefühle, wir müssen nur hinhören.

Es ist zum Beispiel völlig in Ordnung, Stimmungsmanagement bei sich selbst zu betreiben: Man muss nicht jede neue Katastrophenmeldung anhören oder lesen, um zu wissen, dass wir tief in der Sch*** sitzen. Ein selbstfürsorglicher Nachrichtenkonsum ist sehr empfehlenswert. Die Dosis macht das Gift. Ein gutes Gegengift sind übrigens Seiten mit guten Nachrichten. Ja, die gibt es, und ja, ich finde, sie machen gute Laune.[56]

Ein bisschen was anderes ist das *Selbstbewusstsein*. Das ist ein Begriff, der oft umgangssprachlich mit Selbstwert gleichgesetzt wird. Aber Selbstbewusstsein bezeichnet eigentlich, wie gut man sich selbst kennt. Kann ich zum Beispiel gut einschätzen, wie ich in bestimmten Situationen reagiere, was ich unter welchen Umständen brauche, und merke ich, wie ich mit mir selbst umgehe? Gerade in meiner Praxis begegne ich oft Menschen, die sehr kritisch mit sich selbst sind, die mit sich selbst härter ins Gericht gehen, als sie das mit jedem anderen Menschen tun würden. Sich dessen bewusst zu werden, wie man eigentlich mit sich selbst umgeht, ist der erste Schritt dazu, gut zu sich sein zu können. Was bringt es in einer Krise wie der Klimakrise, wenn man sich den ganzen Tag praktisch innerlich selbst ausschimpft und mit der sprichwörtlichen Peitsche antreibt? Es macht glücklicher und auch resilienter, wenn wir mit uns selbst umgehen, wie wir mit Freund*innen oder kleinen Kindern umgehen würden: Die bauen wir auf, die unterstützen wir, die motivieren und trösten wir.

Bei *Selbstsicherheit* geht es darum, wie gut ich es schaffe, mich gegenüber anderen zu behaupten. Traue ich mich, meine Meinung zu sagen, vielleicht auch Autoritäten zu widersprechen und meinen Standpunkt zu verteidigen (nicht total übertrieben, keine Kanonen auf Spatzen und auch keine Beleidigungen, sondern einfach ruhig und bestimmt)?

Selbstwert und *Selbstsicherheit* hängen oft mit *Selbstwirksamkeitserfahrungen* zusammen. *Selbstwirksamkeitserwartungen* – die Überzeugung, dass man etwas bewirken kann – sind praktisch das Gegenteil von *erlernter Hilflosigkeit*. Ich erinnere an die kleinen Reitelefanten mit ihren Fußketten. Wenn man am eigenen Leib erfährt, dass man etwas bewegen kann, fühlt sich das gut an und man ist sich in der nächsten Situation einen Ticken sicherer, dass man das dann auch schafft. Wenn wir das Gefühl haben, Dinge beeinflussen zu können, wenn wir sie selbstsicher anpacken, dann hilft das natürlich in einer Krisensituation. Wir sind dann vielleicht mutiger, den Wiederaufbau zu starten, geben nicht sofort auf und rutschen auch nicht so schnell in eine Depression ab.

Kleine Schritte im klimafreundlichen Verhalten sind eine großartige Möglichkeit, *Selbstwirksamkeitserwartungen* in Bezug auf die Klimakrise aufzubauen. Man erlebt, dass Veränderung möglich ist, ein nachhaltigeres Leben denkbar. Und wenn man dabei nicht in die Fallen tappt, die ich in Kapitel 1 beschrieben habe (es dann zu schnell damit gut sein zu lassen zum Beispiel), baut einen das auf für die größeren Veränderungen, die noch bevorstehen. Oft ist klimafreundliches Verhalten ja auch gut für die körperliche und psychische Gesundheit – Pendeln mit dem Rad reduziert beispielsweise Stress und damit Depressionen und Ängste. Wenn man dann noch auf der gesellschaftlichen Ebene etwas dafür tut, dass die Straßengestaltung weg vom Auto geht, Geschäfte wieder fußläufig erreichbar sind und es mehr Grünflächen gibt, dann erhöht das die Lebensqualität weiter und man spürt richtig, dass Veränderung möglich ist.

Im politischen System fühlt man sich oft wenig einflussreich. Um hier *Selbstwirksamkeit* aufzubauen, kann das Engagement in der Gruppe helfen. Klar, nicht jede*r will Straßenblockaden abhalten, aber die Möglichkeiten, sich zu engagieren, sind vielfältig und für jede*n ist was dabei. Es muss nicht immer Umweltaktivismus sein: Wenn man soziale Netze und den gesellschaftlichen Zusammenhalt stärken will, dann kann man sich auch in der Altenbetreuung, der Antirassismusarbeit oder im Handballverein um die Ecke engagieren. Alles, was unsere Gesellschaft lebendiger, friedlicher und gemeinschaftlicher macht, ist am Ende auch ein Engagement für eine klimagerechte, resiliente Zukunft.

Soziale Unterstützung

Es ist jetzt schon an verschiedenen Stellen angeklungen – es hilft uns, wenn wir jemanden haben, der uns stützt. Am Ende sind manche Probleme einfach überwältigend, wenn wir ihnen alleine gegenüberstehen. Wir brauchen manchmal ein offenes Ohr, jemanden, bei dem wir uns anlehnen oder auskotzen können. Und manchmal brauchen wir ganz praktische Hilfe – Umzugskisten schleppen oder Einkäufe im Lockdown vorbeibringen.

Der evolutionäre Vorteil von uns Menschen ist nicht nur, dass wir schlau sind. Es gibt andere, ähnlich schlaue Tiere. Unser Vorteil ist nicht, dass wir besonders stark, besonders schnell oder (ohne technische Hilfsmittel) besonders gefährlich sind. Eigentlich sind wir eine laufende Zielscheibe. Wir haben kein Fell, erfrieren also superschnell, wir sind relativ langsam auf unseren zwei Beinen unterwegs und zeigen unsere empfindlichste Körperstelle – den Bauch – total offen, wir können nicht so gut klettern und haben auch nicht besonders krasse Zähne oder Klauen. Wir sind trotzdem extrem erfolgreich – weil wir kooperieren. Zusammen sind wir stark.

Deswegen ist es für Resilienz total wichtig, dass Kinder ein schützendes familiäres Umfeld haben und dass wir auch als Jugendliche oder Erwachsene Anschluss an Gruppen haben – egal ob das der Kleingartenverein, die Gamer-Gilde oder der Chor ist.

Deswegen sind soziale Kompetenzen – also gut reden und gut zuhören können, ein*e gute Gesprächspartner*in, Freund*in oder Partner*in sein – so wichtig und stärken unsere Resilienz. Wenn ihr mit euren Freundschaften unzufrieden seid, wenn ihr sie oberflächlich findet, dann schaut euch das *Friendship Manifesto* mal an.[57] Ich finde die Metapher eines »Rettungsboots« mit unseren besten Freund*innen total schön. Lasst uns wieder bessere Freund*innen sein!

Kollektive Resilienz

Das kommt nun vermutlich nicht mehr überraschend: Resilienz gibt es auch auf der Gruppenebene. Den Blick ausschließlich auf die Resilienz einzelner Menschen im Umgang mit der Klimakrise zu richten, kann meiner Meinung nach ein perfider

Verzögerungsdiskurs sein. Das verzögert nicht nur die Klimaschutzmaßnahmen, mit denen wir das Schlimmste verhindern, sondern es fügt sich wieder ganz wunderbar in unser Individualisierungs-Narrativ: Nicht nur ist jeder Mensch seines Glückes Schmied und seines CO_2-Fußabdruckes Schmied, jeder Mensch ist dann auch seiner eigenen Resilienz Schmied. Zack, selbst schuld. Wir werden dann damit allein gelassen, das Problem zu schultern.

Genauso, wie die Debatten über die Klimagefühle einzelner *(»KLIMAHYSTERIE!1!!«)* den Blick davon weglenken, dass wir hier ein gesellschaftliches Problem haben, das auch eine gesellschaftliche Lösung braucht, kann eine Debatte über individuelle Resilienz den Blick davon weglenken, dass wir zusammen in dieser Sch*** sitzen. Die Klimakrise ist nicht das Anpassungsproblem jede*r einzelnen. Wir schaffen das nur zusammen. Punkt.

Kollektive Resilienz, also die Anpassungs- und Widerstandsfähigkeit von Menschengruppen, kann man sich auf verschiedenen Ebenen anschauen: Familien-Resilienz, Team-Resilienz und Community-Resilienz (zum Beispiel Gemeinden und Infrastrukturen). Genauso wie die Resilienzmechanismen einzelner Menschen unterschiedlich zusammengesetzt sind, haben auch verschiedene Menschengruppen unterschiedliche Eigenschaften, die sie mehr oder weniger resilient machen können.

Lokales Wissen, Führung und Kommunikation

Was hilft uns denn, gut zusammenzuhalten und uns gegenseitig zu unterstützen? Erst mal natürlich die Stärke der einzelnen Personen an sich – also die mentale Stärke und Kommunikationsfähigkeiten einzelner. Wenn wir teamfähig sind, funktionieren wir im Team einfach besser. Dazu gehören auch lokales Wissen und eine gute Bildung, die dann wiederum auch dafür sorgen, dass mehr Geld in den öffentlichen Kassen landet (mehr Einkommen = mehr Steuern), das dann wiederum für wichtige Infrastruktur ausgegeben werden kann.

Mit Infrastruktur meine ich nicht nur Straßen und Stromleitungen, sondern auch so etwas wie Schulen oder Krankenhäuser. Ein Städtebau, der an die Besonderheiten der Region angepasst ist, der zum Beispiel Starkregen, Lawinen, starke Trockenheit oder Waldbrandgefahren abpuffern kann, wird uns in Zukunft noch sehr beschäftigen. Das klingt jetzt wie eine Randbemerkung, aber tatsächlich ist Resilienz regional sehr unterschiedlich. Deswegen können wir zwar auf der politischen Ebene beobachten, wie andere das machen, aber wir müssen Konzepte immer so anpassen, dass sie vor Ort funktionieren. Das heißt nicht nur, dass sie technisch umsetzbar und finanzierbar sein müssen, sondern auch, dass sie von der örtlichen Bevölkerung akzeptiert und angenommen werden müssen.

Das bedeutet auch, dass wir als Bevölkerung Bescheid wissen müssen, welche Dinge gemacht werden und aus welchem Grund. Es geht hier also auch um Kommunikation und um weitsichtige politische Weichenstellungen.

Ein Beispiel dafür, wie das funktionieren kann, ist der Bau von Städten als *Schwammstädte*. Das klingt, als würden wir Städte aus Schwämmen bauen, tatsächlich ist aber gemeint, dass die Städte so gebaut werden, dass Regen dort vom Boden (und gestalteten Strukturen) aufgefangen und gespeichert werden kann, wo er fällt. Das verhindert eine Überlastung der Kanalisation und ermöglicht, dass das Wasser wieder in die Umwelt abgegeben werden kann, wenn die Stadt sehr trocken ist – wie bei einem Schwamm, den man ausdrückt. Schwammstädte haben mehr Wasserflächen und mehr Grünflächen. Beides ist nicht nur praktisch für die Nass-Trocken-Regulation, sondern sieht auch noch schön aus und ist deswegen gut für die Seele.

In konkreten Katastrophen wie einer Überschwemmung brauchen wir aber auch einfach konkretes Handlungswissen. Wir brauchen Leute, die wissen, wie: Wie man Leute aus Trümmern rausholt und wie man Zeltstädte baut, wie man Baustellen organisiert und wie man gute Krisenkommunikation hinbekommt – also erklärt, was in welcher Reihenfolge passiert, was wichtig ist und was wann drankommt, um die Bevölkerung zu beruhigen. Ich erinnere an Antonovsky: Verstehen, Handhaben können und Sinn finden sind die wesentlichen Elemente. Dafür ist Kommunikation unentbehrlich. Wir müssen wissen (soweit es erklärbar ist), was warum passiert ist und was wir tun können.

Das zeigt schon, dass Resilienzmechanismen je nach Problem unterschiedlich sein können und sich auch kulturell und regional unterscheiden. Resilienzstärkung braucht ein gutes Verständnis der Zielgruppen – inklusive der kulturellen Einflüsse und der Gegebenheiten vor Ort. Auch deswegen gibt es keine *one-size-fits-all*-Lösung für Resilienz in Städten und Gemeinden.

Im besten Fall kennen lokale und regionale Entscheidungsträger*innen die Gefahren, für die vorgebeugt werden muss, und auch die alltäglichen Schwierigkeiten, genauso wie die Fähigkeiten, die es braucht, um damit umzugehen – nicht nur bei den Einzelnen, sondern insbesondere auch bei den unterstützenden Systemen wie Feuerwehr, Technischem Hilfswerk oder Rettungsdiensten. Deswegen macht es Sinn, solche Konzepte mit den Menschen vor Ort zusammen zu entwickeln. Dabei muss darauf geachtet werden, dass besonders gefährdete, *vulnerable Gruppen* mit am Tisch sitzen: Frauen*, Menschen unterschiedlicher Altersgruppen und Entwicklungsstadien – also auch Senior*innen und Kinder, Menschen mit Behinderung genauso wie Menschen ohne Deutschkenntnisse oder Menschen mit psychischen Erkrankungen. Katastrophenschutz muss für alle funktionieren.

Kommunikation ist auch aus einem anderen Grund wichtig – zur Katastrophenvorbeugung. Im besten Fall erklären wir eben nicht erst im Nachhinein, wie es zu einer Katastrophe gekommen ist, und versuchen das Ereignis irgendwie in unserem Leben zu verorten, sondern wir schaffen es, Menschen rechtzeitig vorher zu warnen und ihnen schon vorher zu vermitteln, was sie im Ernstfall tun müssen und können.

Da haben wir in Deutschland noch so einige Lücken – Warnsysteme funktionieren noch nicht zuverlässig, die wenigsten Leute wissen, was im Katastrophenfall konkret zu tun ist. Oder wisst ihr, wohin ihr im Falle einer Flut oder eines Waldbrands fliehen müsstet und was ihr einpacken müsst? Erfahren kann man das übrigens auf der entsprechenden Themenseite des Bundesamtes für Bevölkerungsschutz und Katastrophenhilfe.[58] Wenn wir uns auf eine Welt mit mehr und mehr Extremwetterereignissen einstellen müssen, dann brauchen wir da alle mehr Wissen.

Erste Community-Resilienzfaktoren sind also: lokales Wissen, Bildung, finanzielle Ressourcen, wirtschaftliche Investitionen, politische Führung und gute Kommunikation. Es gibt aber auch weichere Faktoren für kollektive Resilienz, vor allem das soziale Gefüge in den Gemeinden, Beziehungen unter den Menschen und kulturelle Faktoren.

Sozialer Zusammenhalt

Menschen reagieren auf Krisen erst mal kooperativ, das hat die sozialwissenschaftliche Forschung mittlerweile ganz gut belegt. Vielleicht erinnert ihr euch noch an die erste Corona-Welle: Während Pfleger*innen und Ärzt*innen massig Überstunden machten, haben Menschen in Nachbarschaftsnetzwerken für die Oma von nebenan eingekauft und abends auf den Balkonen geklatscht. Das nennt man die *heroische Phase* und die *Honeymoon-Phase*.[59]

Das liegt daran, dass die meisten Menschen einfühlsam und hilfsbereit sind und wir in Krisen »alle im selben Boot sitzen«. Das erlaubt es uns, eine Art kollektive Identität als *die* »krisengebeutelte Gemeinschaft« anzunehmen. Alle anderen, die genauso betroffen sind, haben was mit uns gemeinsam, wir solidarisieren uns mit »unserer Gruppe« – der *Ingroup*. Und unserer Gruppe (Familie, Freunde, in dem Fall: allen Betroffenen) helfen wir. So sind Menschen.

Leider ist dieser Zustand nicht von Dauer: Wenn der Schock vorbei ist und wir in der neuen Realität angekommen sind, dann nehmen wir wieder die unterschiedlichen Reaktionen auf die Krise wahr und grenzen uns auch anhand anderer Eigenschaften von den anderen ab, dann sind die anderen wieder die *Outgroup*. Das ist die *Desilluisonierungsphase*. Wir stellen fest, dass die Welt nicht für immer im Flitterwochenmodus ist, dass manche Leute Impfungen ablehnen oder die Maske nie über die Nase ziehen.

Es gibt Netzwerke, die solche unterstützende Arbeit an den Mitmenschen durchgehend leisten – unabhängig von aktuellen Krisen und Honeymoon-Phasen. Das sind unsere Gesundheitsversorgung inklusive der Pflegedienste und den Rettungsdiensten, die Feuerwehr und auch staatliche Institutionen wie die Polizei oder die Gerichte. Sie sorgen dafür, dass der Laden läuft und wir geordnet zusammenleben.

Viele solcher Dienste sind aber zu wesentlichen Teilen davon abhängig, dass Leute sich ehrenamtlich – also in ihrer Freizeit – engagieren. Sowohl Rettungssanitäter*innen als auch freiwillige Feuerwehr und psychosoziale Notfallversorgung (das sind sozusagen seelische Ersthelfer*innen) sind wesentlich von Spenden und Mithilfe abhängig. Das sind Strukturen, die wir politisch unterstützen müssen. Unsere gesellschaftlichen Auffangnetze brauchen gute Ausbildung, gute Ausrüstung, Wo*menpower und Wertschätzung. Sonst macht das keine*r – oder zumindest weniger Leute und weniger gern. Hier sollte man über gesetzliche Regelungen Hürden abbauen, so etwas wie Lohnfortzahlungen bei ehrenamtlichen Einsätzen und finanzielle Unterstützung für Ausrüstung.

Es gibt aber noch andere Stellschrauben, die langfristig den sozialen Kitt verbessern – und zwar Kultur und Begegnungsräume. Es fällt leichter, Leute um Hilfe zu fragen, die man gut kennt, und es fällt schneller auf, dass Leute Hilfe brauchen, wenn sie nicht einsam in ihrer Wohnung verkümmern. Sozialen Zusammenhalt stärkt man zum Beispiel, indem man im öffentlichen Raum wieder mehr Begegnungsorte schafft – Sitzbänke,

Spielplätze, Grünflächen. Die sollten nicht nur an vereinzelten Orten liegen, sondern überall verstreut. Unsere Städte müssen wieder grüner, blauer und blumiger werden, wir müssen sie so umgestalten, dass wir unseren Nachbar*innen draußen wieder begegnen. Stellt euch vor, die Straße vor eurer Tür hätte ein bis zwei Spuren weniger, die Autos würden langsamer fahren und dafür hättet ihr Blumenbeete, Bäume, Sitzbänke und Spielgelegenheiten in einem Fußgängerbereich, der um ein Vielfaches breiter ist als der aktuelle Gehweg. Stellt euch begrünte Fassaden und gemeinschaftliche Dachgärten vor. Es summt und zwitschert: Da ist Urlaub auf Balkonien plötzlich keine so schlimme Vorstellung mehr. Die Omi von nebenan würde vielleicht eure und die Nachbarskinder auf dem Spielplatz vor der Tür betreuen, während ihr mit den Nachbarn zusammen den Salat fürs Abendessen aus der Vertical Farm auf dem Dach pflückt. Schön, oder?

Kultur und Narrative

Kunst und Kultur helfen uns, mit den Widrigkeiten des Lebens umzugehen. In Theaterstücken, Büchern und Filmen fiebern wir mit den Protagonist*innen mit, versetzen uns in sie hinein, machen Entwicklungen mit ihnen gemeinsam durch, indem wir den Weg mit ihnen gehen – wir können sie als Vorbilder nutzen und als Spiegel. Sie helfen uns, uns selbst zu hinterfragen und zu reflektieren und uns zu überlegen, ob ihre Lösungen auch unsere Lösungen wären.

In der bildenden Kunst (Fotografie, Malen, Zeichnen, Bildhauerei etc.) und Musik können wir Gefühle ausdrücken; sie erlauben uns den Ausdruck von Zuständen, für die es keine Worte gibt. Auch das kann unsere Resilienz verbessern, weil wir uns im Gefühl mit den Künstler*innen verbunden fühlen können, ohne dass wir darüber reden müssen. Künstlerischen Hobbies nachzugehen ist also genauso Resilienzförderung wie öffentliche Finanzierung für Kunst und Kultur. Vielleicht hat es euch in der

Pandemie auch gefehlt, auf Konzerte zu gehen oder in Ausstellungen und zu Kunstkursen. Das Leben wird schöner und bunter, wenn wir kreativ sein können.

Resilienz heißt nicht nur verbissenes Vorbereitetsein und ständige Alarmbereitschaft. Resilienz zu entwickeln ist nicht dasselbe wie ein *Prepper* zu werden und Bohnendosen im Atombunker zu lagern. Resilienz heißt auch einfach, entspannter und glücklicher sein zu können, in Verbindung mit anderen Menschen zu sein, sich aufgehoben und sicher zu fühlen.

Auch bei der Suche nach mehr Resilienz kommt uns unsere individualistische Kultur in die Quere. Wir scheren uns nicht mehr um die anderen, auch weil wir denken, dass sie genauso denken. Dabei können kollektive Narrative genauso gut auch unsere Resilienz fördern, wenn sie eine andere Story erzählen. Ich komme aus dem Rheinland, da gibt es ein geflügeltes Wort: »Et es wie et es, et kütt wie et kütt un et hat noch immer jot jejange« (Es ist wie's ist, es kommt wie's kommt und es ist noch immer gut gegangen). Ich glaube, dass solche Glaubenssätze uns stärken können. Dieses rheinische Sprichwort hilft mir bei der Akzeptanz von Krisen und dem zuversichtlichen Blick auf die Zukunft.

Dass solche Narrative die Resilienz befördern, ist am Beispiel indigener Gruppen übrigens bereits erforscht worden.[60] Spannend wäre es, finde ich, sich das mal für Deutschland anzuschauen. Ich bin mir sicher, dass unsere Technikgläubigkeit, unser Stolz auf Erfindergeist und Ingenieure genauso wie das Pochen auf Qualität auch Resilienzfaktoren sein können, wenn wir sie nicht nutzen, um konsequenten Klimaschutz zu bremsen, sondern um schneller voranzukommen und uns gut vorzubereiten.

Notfallrucksack für die Psyche

Gesellschaftlicher Wandel und die Nachhaltigkeitskrise erzeugen ein ganz schönes Durcheinander – es passiert unglaublich viel gleichzeitig und auf vielen Ebenen. Es gibt die Ebene der Naturveränderungen, die Ebenen der Menschen – Gesellschaft, Wissenschaft, Politik und Wirtschaft – und darin wiederum die Individuen und die Gruppenebene. Manchmal raucht mir der Kopf, weil das alles gar nicht in Gedanken geordnet und überblickt werden kann.

In Bezug auf die Klimakrise ist es wichtig, sich klarzumachen, dass wir auf allen diesen Ebenen Resilienz brauchen – einerseits in Bezug auf die Folgen der Nachhaltigkeitskrisen und andererseits in Bezug auf den Wandel durch die Transformation unserer Gesellschaft und Wirtschaft. Das sind zwei riesige – natürlich miteinander verbundene – Blöcke mit Veränderungsprozessen, mit denen wir irgendwie gleichzeitig fertig werden müssen. Man könnte also sagen, wir haben zwei Ebenen der (individuellen und kollektiven) Resilienz: Resilienz in Bezug auf die Klimafolgenanpassung und in Bezug auf die Transformation. Beide müssen beachtet und bearbeitet werden.

Für die *adaptive Klimaresilienz*, also unsere Kapazitäten, mit den Folgen der Klimakrise klarzukommen, ist ganz klar wichtig, dass wir den Klimaschutz und den Schutz der anderen planetaren Grenzen auf ein ganz neues Level heben. Wir müssen da deutlich schneller vorankommen, um das Schlimmste noch zu verhindern. Und für den Teil, den wir nicht verhindern können, müssen wir Notfallpläne machen. Also individuell schauen, wie jede*r Einzelne mit Extremwetterereignissen umgehen kann, und auf gesellschaftlicher Ebene für guten Katastrophenschutz sorgen. Wir müssen für den Extremfall einen Plan haben, was wir einpacken und wo wir hinkönnen, wenn wir in Gefahrengebieten wohnen. Wenn man sich die Packliste für ein Notgepäck so anschaut, fällt mir als Psychologin zwangsläufig etwas auf: Die Psyche hat in diesem Rucksack bisher noch keinen Platz gefunden.[61]

Es geht in Extremsituationen ja nicht nur darum, dass wir körperlich versorgt werden, sondern auch darum, dass wir etwas haben, dass uns hilft, uns selbst zu beruhigen. Wer mal einen Erste-Hilfe-Kurs gemacht hat, weiß, wie wichtig es ist, dass die Betroffenen jemanden zum Reden haben, irgendwie Halt finden. Hilft mir beispielsweise Schokolade in schlechten Momenten, lohnt es sich, ein paar Tafeln zur Essensration dazu zu packen. Fotos und Musik, der Teddy oder die Schnuffeldecke können Trost spenden – es braucht auch psychische Erste Hilfe. Klärt man vorher, wer den Hund oder die Katze bei einer Evakuierung mitnehmen kann und wo die Transportbox steht, geht es nicht nur dem Vierbeiner deutlich besser, sondern auch uns selbst.

Auf der gesellschaftlichen Ebene gibt es die psychosoziale Notfallversorgung (PSNV): psychologisch geschulte Einsatzkräfte, die mit Gesprächen unterstützen und helfen, das zu verarbeiten, was passiert ist. Die PSNV unterstützt nicht nur die Betroffenen direkt, sondern auch die Einsatzkräfte, die zum Teil in sehr belastende Einsätze müssen. Ich finde es einen schönen Gedanken, dass es solche Menschen gibt – und bin gleichzeitig empört, dass die PSNV bisher eigentlich komplett auf ehrenamtlichen Schultern lastet und total unterfinanziert ist. Hier müssen wir also auch auf gesellschaftlicher Ebene noch mal priorisieren, was uns wirklich wichtig ist. In der Coronapandemie haben wir das immer wieder gemerkt: Wir müssen uns fragen, was wirklich wichtig ist, was *systemrelevant* ist. Wir können aus der Pandemie, den Waldbränden und den Überflutungen für die Zukunft lernen, was uns hilft, mit diesen Krisen umzugehen, und wo unsere Prioritäten wirklich liegen.

Ein Extremwetterereignis ist zwar recht schnell vorbei, die Auswirkungen können aber lange andauern. Wenn das eigene Haus weggeschwemmt wurde, dann ist man zwar vielleicht mit dem Leben davongekommen, muss aber wieder aufbauen und vielleicht auch hinterfragen, was man weglassen muss. Diese

Phase des Wiederaufbaus ist extrem kräftezehrend. Nicht nur die materiellen Ressourcen sind schließlich weggeschwommen, auch soziale Ressourcen fallen weg. Der Sportverein oder der Chor, in dem man angebunden war, die Nachbarschaft und Spielplätze, alles ist im schlimmsten Fall zerstört. Es dauert lange, bis »Normalität« zurückkehrt, und der Weg dahin ist stressig. Jeden Tag. Dieser Stress, die schlechte Versorgung, das fehlende Dach über dem Kopf, Einsamkeit, finanzielle Sorgen – all das zehrt extrem. Es fühlt sich an, als ob es Ewigkeiten dauert, bis alles wieder im Lot ist. Auch dafür brauchen wir Unterstützungsstrukturen, die uns helfen, solche Phasen durchzuhalten.

Die Anfragen für Psychotherapie sind in der Coronapandemie deutlich angestiegen, die Zeit war sehr belastend für viele Menschen.[62] Auch Extremwetterereignisse, die uns potenziell traumatisieren, können dazu führen, dass wir einen Mehrbedarf an Therapie haben. Wir müssen die Gesundheitsversorgung im körperlichen und psychischen Bereich dringend verbessern, damit wir das als Gesellschaft halten und tragen können, damit wir in Krisenzeiten gesund werden und bleiben können. Auch hier müssen die vulnerablen Gruppen – ältere Menschen, Menschen mit Behinderung, Kinder, Frauen* und Menschen mit Migrationshintergrund – besonders beachtet werden. Sie haben aufgrund ihrer Situationen andere Anforderungen an Versorgung.

Fit für die Transformation

Nicht nur absolute Notlagen erfordern psychische Resilienz. Bei Klimakrise denkt man schnell an überflutete Häuser und Wirbelstürme. Aber auch viel langsamere Veränderungen, sogar jene Veränderungen, die wir gegen die Klimakrise aktiv anstoßen, sind eine potenzielle Belastung für die Psyche. Die Gesellschaft beeinflusst unser Wohlbefinden als Einzelpersonen mit, die Klimafolgen setzen uns sozial unter Druck, einige sind mehr und andere weniger betroffen oder privilegiert: Dasselbe gilt auch bezüglich der gesellschaftlichen Transformation, die wir durchziehen müssen, um die Klimakrise aufzuhalten.

Es ist wichtig, dass wir die sozialökologische Transformation so wuppen, dass wir niemanden abhängen und uns am Ende nicht total an die Gurgel gehen. Wir brauchen also auch eine Art *transformative Resilienz*. Deswegen ist es wichtig, dass wir uns zum Beispiel auch um den Strukturwandel in den Kohleregionen kümmern. Es gibt Leute, die sich darüber aufregen, dass diese Regionen so viel Zeit und so viel Geld für ihren Strukturwandel bekommen. Ich finde das super.

Man muss sich dafür vielleicht klarmachen, wie sehr fossile Unternehmen in den gesellschaftlichen Strukturen drinhängen und wie identitätsstiftend die Arbeit in diesen Unternehmen für Menschen sein kann. Ich habe in Heidelberg mein Bachelorstudium absolviert. Dort in der Region sind die Menschen stolz, dass sie in der Autoindustrie tätig sind, sie lieben es, »beim Benz« zu arbeiten. Das ist ein Unternehmen mit Prestige – ein Prestige, das gefühlt auf einen selbst übergeht, wenn man für dieses Unternehmen arbeitet. Man ist halt ein Teil des Unternehmens. Ihr kennt bestimmt auch Leute, die sich so mit ihrem Job und ihrem Unternehmen identifizieren, die stolz darauf sind, für eine Firma mit großem Namen und guten Quartalszahlen zu arbeiten. So funktioniert die Erfolgsdefinition in unserer Gesellschaft. Wenn diese Unternehmen pleitegehen oder Jobs wegfallen und man gekündigt wird, dann geht dieser Teil der Identität verloren. Klar kann man auf der faktischen Ebene »einfach« eine Umschulung machen und einen anderen Job anfangen, aber wer ersetzt den Leuten den Glanz dieser Unternehmen? Wer ersetzt den Stolz, den sie für ihren Job empfunden haben?

Auf der gesellschaftlich-kollektiven Ebene sind fossile Unternehmen oft ebenfalls stark mit ihrer Region verbunden. Der Fußballverein Schalke zum Beispiel trägt seine Wurzeln im Bergmannsmilieu. Wenn man durch den Eingang des Heimstadions der Schalker kommt, läuft man durch einen Kohletunnel. Daran sieht man ganz deutlich, wie sehr die fossile Industrie an manchen Orten Teil der regionalen Identität geworden ist. Gazprom, ein Erdgasunternehmen, war bis zum russischen Angriffskrieg in der Ukraine ein großer Sponsor von Schalke.

Einige Städte in Nordrheinwestfalen hatten und haben sogar Aktien von RWE.[63] Das bringt einige Vorteile mit sich, führt aber auch dazu, dass ausbleibende Dividendenzahlungen zu Löchern in den städtischen Finanzen geführt haben. Transformation kann bei solchen Verflechtungen auch richtige Rattenschwänze nach sich ziehen, die beachtet werden müssen. Auch das ist wichtig für die kollektive Resilienz.

Wenn fossile Unternehmen wegfallen, müssen diese Lücken gefüllt werden: Gelder für kulturelles Leben und für die Gemeinden, aber auch identitätsstiftende Anteile wie Berufsbilder müssen ersetzt werden.

Der Zusammenhalt unter Bergmännern, den Kohlekumpeln, und auch in der Stahlindustrie ist legendär. Wenn jetzt die Tagebaue schließen, geht mit dem Job auch dieses verbindende Element, ein bisschen auch die Nostalgie der Industrialisierung verloren. Natürlich finden Menschen dann neue Ebenen, auf denen sie sich miteinander identifizieren und als Gruppe fühlen können, aber das muss sich entwickeln, und die Zeit dahin ist eine Zeit voller Unsicherheit, Ängste und auch Trauer.

Ich finde, dass es für den Zusammenhalt unserer Gesellschaft wichtig ist, dass man Respekt vor diesen Dingen hat. Die Transformation verspricht uns zwar eine gesündere und schönere Zukunft, aber der Weg dahin wird einige Hürden für uns bereithalten. Das müssen wir wertschätzend anerkennen. Es bringt rein gar nichts, wenn wir hier neue Fronten aufmachen.

Es gibt Maßnahmen, die sowohl die *adaptive* als auch die *transformative Klimaresilienz* stärken. Dazu gehört zum Beispiel, Menschen gut finanziell und sozial abzusichern, dabei auf Fairness zu achten und ein besonderes Augenmerk auf vulnerable und benachteiligte Gruppen zu legen. Wir können ehrenamtliche Strukturen, die Nachbarschaftshilfe, Kultur und Begegnungsorte stärken, wo Menschen sich kennenlernen, Vertrauen aufbauen und Beziehungen pflegen, die sie in Krisen und Transformation unterstützen. Eine Städteplanung, die mehr Grünflächen, Erholungs- und Begegnungsräume plant, ist nicht nur gut fürs Klima, sondern sie ist auch gleich ein Stück Transformation.

Für mich gehört dazu auch politische Partizipation – Menschen aktiv einzubinden und ihnen die Möglichkeit zur Mitbestimmung zu geben. Ich finde die Politik in dieser Hinsicht viel zu zaghaft. Ich würde mir wünschen, dass nicht nur zur Mitbestimmung eingeladen wird und man dann erwartet, dass die Leute von selbst kommen. Viele Menschen sehen sich nicht in der Verantwortung, wissen nicht, welche Mitbestimmungsmöglichkeiten es gibt oder denken, dass sie eh nicht gehört werden. Diese Leute müssen wir mehr ermutigen, die Politik muss aktiver auf Bürger*innen eingehen. Meiner Meinung nach hat die Politik da eine Holschuld und nicht wir Bürger*innen allein die Bringschuld.

Also: Resilienz ist keine Eigenschaft, die man erwirbt und dann einen Haken dahinter setzt. Resilienz ist ein ständiger Prozess der Sinnfindung und des Wachsens an Herausforderungen. Das einzig Beständige ist, dass wir uns bei Resilienzentwicklung in einem Wechselspiel von individuellen und sozialen Faktoren bewegen. Die Nachhaltigkeitskrisen sind menschengemacht, ihre Lösungen aber auch. Und jede*r kann seinen oder ihren Anteil dazu beitragen!

Kapitel 7

»I have a dream« statt »I have a nightmare«

Um in dieser Welt der Multi-Krisen resilient zu bleiben und im besten Fall auch glücklich zu leben, brauchen wir einen gesunden Optimismus. Ich meine damit keinen »Ich rede mir die Welt schön«-Optimismus, sondern einen Optimismus, der den Katastrophengedanken und Krisenszenarien etwas entgegenhält. Wir brauchen einen realistischen Optimismus darüber, dass wir das Ding noch wuppen können. Denn wenn man der Wissenschaft gut zuhört, dann sagt sie genau das: Wir können es noch schaffen, wenn wir jetzt entschlossen handeln.

Was kommt jenseits der Hoffnung?

Die Hoffnung stirbt bekanntlich zuletzt. Sagt man zumindest. Die Klimakrise und mit ihr all die anderen ökologischen Krisen und sozialen Ungerechtigkeiten machen aber durchaus manchmal hoffnungslos, obwohl der Zug noch gar nicht komplett abgefahren ist. Rückschläge und Verzögerungen erzeugen den Eindruck, dass rein gar nichts vorangeht und die Bemühungen völlig umsonst sind. Ist die Hoffnung auf Veränderung erstmal weg, schwindet auch der Handlungsimpuls. Das führt im schlimmsten Fall in die Hilflosigkeit und stellt eine Depressionsgefahr dar.

Es gibt aber auch noch eine andere Möglichkeit, mit Hoffnungslosigkeit umzugehen, die derzeit unter dem Schlagwort

Beyond Hope (Jenseits der Hoffnung) diskutiert wird. *Beyond Hope* zu sein, ist eine Art realistischer Optimismus. Es bedeutet, sich nicht mehr darauf zu verlassen, dass andere die Lösung herbeiführen werden. Es bedeutet auch, dass wir unsere Erfolge nicht mehr daran messen, ob sie letztendlich dazu führen, das verträgliche Limit von 1,5 Grad einzuhalten. Bei *Beyond Hope* geht es nur noch um die Frage, wer man sein möchte in der Zeit, die einem auf diesem Planeten gegeben ist. Dabei wird nicht infrage gestellt, ob man sich für die Einhaltung der planetaren Grenzen einsetzt, sondern dieses Engagement wird an einer anderen Leitlinie ausgerichtet. Jenseits der Hoffnung auf die Einhaltung bestimmter Grad-Ziele orientiert man sich eben nicht mehr an einem bestimmten Zielpunkt, sondern fragt sich: Wer will ich gewesen sein? Wie will ich mein Leben führen, selbst wenn wir die 1,5-Grad-Grenze am Ende nicht eingehalten haben werden?

Dieser Ansatz zeigt einen der wunderbaren Zustände zwischen dem schwarzen und dem weißen Pol – einen, den wir nur schlecht aushalten können, wenn wir wenig *Ambiguititästoleranz* haben, der aber ziemlich krisenfest ist, denn er bleibt mir und leitet mich, selbst wenn ich morgen mal wieder lese, dass irgendeine Regulierung verlängert oder ein Gesetz bestätigt wurde, das das 1,5-Grad-Ziel immer unrealistischer macht. Wenn wir das Festhalten an einer Hoffnung auf konkrete Ziele und die Verbissenheit loslassen können, die daran hängt, dann kann dahinter nicht nur Hoffnungslosigkeit liegen, sondern auch eine Freiheit.

Und diese Freiheit brauchen wir, denn es kommt ja kein Tag X, an dem gemessen wird, ob wir das mit der Klimakrise nun geschafft haben, und dann entweder das Paradies erscheint oder die Welt in ein schwarzes Loch gesogen wird. Oft macht man sich in Katastrophengedanken kein genaues Bild davon, wie »die« katastrophale Zukunft genau aussehen wird. Wir denken die Katastrophe nicht konkret bis zum Ende durch. Es ist eher eine vage Vorstellung, die mit sehr vielen unangenehmen Gefühlen einhergeht, die man so gut es geht vermeiden will.

Stellt euch den Weltuntergang mal vor. Klar: Krieg, Hunger, Ressourcenkonflikte, Migration, Extremwetterereignisse, das wird richtig fies. Und gleichzeitig: Auch in einer Zukunft mit katastrophaler Klimakrise wird es noch Menschen geben, Gesellschaften irgendeiner Art. Menschen, die zusammen lachen, singen, tanzen, die Kunst machen und zusammen essen. Menschen werden Babys haben und Haustiere, Kinder werden spielen und alte Menschen werden Geschichten erzählen. Es wird ein Morgen geben. Ein Morgen, an dem wir teilnehmen können. Die Frage ist doch, wer wir sein wollen in dieser Zeit. Wie wollen wir uns verhalten, was tun auf dem Weg dahin?

Schon mal von den Tanzpartys in den 1940er-Jahren in England gehört?[64] Da feierten Menschen Partys in den Luftschutzbunkern im Untergrund, in dem Versuch, einfach mal einen Abend glücklich zu sein und die Schrecken des Krieges zu vergessen. Auch in einer Krise sind wir noch Menschen.

Warum feiern Menschen Partys, warum bringen sie ihren Kindern das Lesen bei, warum kaufen sie für das Mittagessen morgen ein, wenn doch eh alles zu spät ist und wir alle über kurz oder lang sterben müssen? Na, weil wir uns das Leben schön machen, solange es noch geht. Der Teil zwischen Geburt und Sterben, das ist das Leben – und diese Zeit ist unsere Zeit. Lasst uns nicht nur den Blick darauf richten, was alles schlimm wird und was wir verhindern müssen. Lasst uns auf dem Weg auch daran arbeiten, dass das Leben ein gutes ist. Für möglichst viele Lebewesen auf diesem Planeten. Wer etwas Positives in seinen Umständen finden kann, ist besser aufgestellt. Das ist *konstruktiver Optimismus* – ein Optimismus, der Lebensglück ermöglicht und gleichzeitig die langfristigen Ziele nicht aus den Augen verliert, damit man auch aktiv wird.

Für konstruktiven Optimismus und die Arbeit an einer lebenswerten Zukunft müssen wir aber auch wissen, wo wir hinwollen und wie wir da hinkommen. Wir brauchen *Annäherungsziele*, nicht nur *Vermeidungsziele*. So nennt man das in der Psychologie. Sonst ist es, als würden wir in ein Taxi steigen und sagen: »Bitte fahren Sie mich nicht zum Hauptbahnhof.« Wir wollen keine Klimakrise und kein Artensterben, wir wollen kein Überschreiten der planetaren Grenzen. Klar. Aber wir brauchen auch eine Vorstellung davon, was wir stattdessen wollen.

Lasst uns träumen

Wir müssen anfangen, Lösungsgeschichten zu erzählen. Nicht nur für unsere eigene Stimmung, sondern auch für den gesellschaftlichen Veränderungsprozess lohnt es sich, gute Nachrichten anzuschauen. Denn wir brauchen ein anderes Verständnis davon, wie unsere Zukunft aussehen kann – abgesehen von »katastrophal«.

Wir brauchen ein anderes Verständnis unserer Rolle in der Welt, als Teil dieses wunderbar-komplexen Ökosystems Erde. Wir müssen wieder verstehen, was es heißt, dass wir Wasser trinken, das vor Millionen von Jahren vielleicht mal Dinosaurier-Pipi war, und dass wir aus Kohlenstoffatomen bestehen, die aus der Salatpflanze kommen, die auf unseren Tellern lag. Wir müssen verstehen, was es bedeutet, dass wir von der Luft leben, die unsere Atmosphäre bildet, und dass die Bäume vor unserem Fenster diesen Sauerstoff produziert haben. Es ist alles miteinander verbunden. Jede einzelne Zelle von uns ist ein Teil dieser Kreisläufe. Ohne sie gäbe es uns nicht. Wenn wir dieses Gleichgewicht kaputt machen, dann machen wir uns selbst kaputt.

Was heißt das? Für mich erst mal: Ich bin unglaublich dankbar. Dankbar dafür, dass wir diesen Planeten haben, auf dem diese feine Balance aus der Evolution heraus entstanden ist. Dieses kleine Fenster, das Leben ermöglicht. Das gibt es auf keinem anderen uns bekannten Planeten. Ich kann mich dafür begeistern und darüber freuen wie ein kleines Kind. Denn Kinder können das, sie haben dieses Staunen noch nicht verlernt. Für sie ist jeder Regenwurm, jedes Gänseblümchen und jedes Sandschloss unendlich spannend. Manchmal lohnt es sich, die Dinge wieder mit Kinderaugen zu sehen – dann kann man sich wieder daran freuen.

Lasst uns begeisterter von unserer Vision eines Lebens innerhalb der planetaren Grenzen hören und erzählen: wie lecker das Essen schmeckt, wenn es frisch vom Feld kommt (habt ihr mal eine Möhre gegessen, die ihr gerade aus dem Boden gezogen habt? Absolute Empfehlung!). Wie schön Städte sind, wenn sie nicht mehr nur grau und voller Autos sind, sondern grün und blau. Wenn wir Bäume, Beete, Bänke und Spielplätze direkt vor der Tür haben und man zu Fuß alles erreichen kann, was man braucht. Wenn Strom vom Dach kommt und nicht aus einem Kraftwerk, dass man Hunderte Meter weiter noch sieht und dass angefeuert wird durch Kohle aus einer Grube, die von Horizont zu Horizont reicht. Wenn wir wieder mit vielen Generationen zusammen in einem Haus wohnen und die Omis und Opis die Kinder im hauseigenen Kita-Senioren-Café besuchen, während die Eltern arbeiten. Lasst uns uns auf Produkte freuen, die nicht kurz nach Ablauf der Garantie kaputt gehen, sondern lange halten und die man, wenn man Spaß am Tüfteln hat, ganz einfach selber wieder reparieren kann. Lasst uns von einer Zeit träumen, in der man nicht 20 Kollektionen und Sales im Jahr durchläuft mit Klamotten, die man eigentlich nur einmal anzieht und dann wieder wegwirft – sondern Kleidung besitzt, die zeitlos schön ist und lange hält. Lasst uns Menschen werden, die andere nicht mehr nach ihrem Kleidungsstil beurteilen, sondern die Diversität anderer feiern, weil sie sich in ihrer Kleidung selbst ausdrücken können. Lasst uns uns auf ein bedingungsloses Grundeinkommen freuen, das es uns erlaubt, nur 25 Wochenstunden zu arbeiten, sodass wir noch Zeit für Freunde, Freizeit, Familie und Ehrenamt haben. Menschen sind soziale Wesen, wir sind interessiert, wir sind neugierig – wenn man uns die Zeit und den finanziellen Spielraum dafür gibt.

Vielleicht habt ihr ganz andere Bilder, eine ganz andere Vision davon, wie unsere Zukunft aussehen soll. Ich wünsche mir, dass wir als Bürger*innen häufiger gefragt werden, was wir wollen, und dass wir den Gestaltungsspielraum bekommen, uns dafür einzusetzen und diese Wünsche auch zu leben. Ich würde mir wünschen, dass wir wieder verstehen, was es bedeutet, Bürger*in zu sein – gestalten zu können, in Resonanz mit anderen zu treten und sich selbst im Austausch mit anderen weiterzuentwickeln, sich von Politik und Gesellschaft auch wieder positiv berühren zu lassen, sich also wieder als Teil davon zu sehen und Politik nicht als etwas, das »da draußen« ohne mich stattfindet.

Ich habe 2019 eine Erfahrung gemacht, in der sich mein Denken diesbezüglich stark verändert hat. Die Geschichte ist mir ein bisschen peinlich, aber ich erzähle sie euch trotzdem. Damals engagierte ich mich für eine Reform der Psychotherapeut*innenausbildung. Eines Tages war ich auf dem Fahrrad unterwegs zu einem Politikergespräch. Ich wollte mit dem gesundheitspolitischen Sprecher der FDP darüber sprechen, was wir uns als Psychotherapeut*innen in Ausbildung von der Politik wünschen. Ich war ordentlich aufgeregt und habe hin und her überlegt, wie ich die Sachen formulieren soll – die FDP war bis dato auch nicht unbedingt die Partei, mit der ich viele Berührungspunkte hatte. Als ich da so radelte und grübelte, schoss mir eine Erinnerung an eine wirklich schlechte, aber ziemlich unterhaltsame Netflix-Serie durch den Kopf, die ich am Abend vorher gesehen hatte. In dieser Serie sagt eine Königin empört zu ihrem Gegenüber: »I am the sovereign of this country.« Ich bin der Souverän dieses Landes. Stimmt eigentlich, dachte ich – ich *bin* der Souverän dieses Landes. Genauso wie 82 Millionen andere mit mir. Da hat's irgendwie Klick gemacht: Ich muss gar nicht als Bittstellerin zu diesem Treffen gehen. Ich gehe als Souverän, der seinem Volksdiener erklärt, was der Souverän sich wünscht.

Ich bin bei dem Treffen natürlich trotzdem nicht herrisch oder überheblich aufgetreten – so will ich nicht sein und das bringt einen in der Kommunikation auch nicht weiter. Aber der Satz aus dieser albernen Serie hat mir geholfen und meine Perspektive auf meine eigene Position in diesem Land nachhaltig verändert. Wenn wir nicht mit Politiker*innen darüber sprechen, was wir wollen, dann können sie es nicht wissen und auch nicht umsetzen. Wir müssen unserer Verantwortung als Souverän dieses Landes gerecht werden. Demokratie hört nicht nach einem Kreuz auf einem Wahlzettel auf. Sie ist lebendig. Wir können und müssen sie gestalten.

Und das macht mir Hoffnung. Dass wir alle gesellschaftlichen Wandel gestalten können. Warum? Weil wir die Gesellschaft sind. Ich, ihr, wir alle.

How to »system change«

Aber wie funktioniert gesellschaftlicher Wandel eigentlich? Wie kommt man vom Jetzt in die Zukunft? Es gibt vielfältige Erkenntnisse dazu, wie gesellschaftliche Transformation abläuft. Wenn man sich damit ein bisschen auskennt, dann fällt es leichter, die eigenen Veränderungshebel zu finden. Dann fühlt sich die Aufgabe nicht mehr ganz so überfordernd an – auch wenn es mir immer noch so geht, dass ich manchmal den Überblick verliere und alles ziemlich bunt finde. Aber wenn das Leben bunter ist, dann ist es auch schöner. Eins kann ich versprechen: Am Ende ist es fast egal, was ihr tut – ihr werdet etwas bewegen.

Die erste Frage ist natürlich, wo man überhaupt hinwill. Was sind die positiven Zukunftsbilder? Für mich persönlich ist es eine sozial-ökologische Transformation: dass wir lernen, friedlich und möglichst glücklich innerhalb der planetaren Grenzen zu leben, also mit statt vom Planeten und miteinander statt auf Kosten anderer. Ein ziemlich gutes Bild der Bausteine einer sozial-ökologischen Transformation liefern die Nachhaltigkeitsziele der Vereinten Nationen, auch unter dem Begriff SDGs *(Sustainable Development Goals)* bekannt.

Die nächste Frage ist die nach dem Status quo: Wie nah oder entfernt ist man der Zukunftsvision? Wie viel muss ein Transformationsprozess also wirklich verändern? In Bezug auf das Klima und eine sozial-ökologische Transformation leben wir in einem Status quo, der noch relativ weit von unserer Vision entfernt ist – in manchen Punkten sind wir schon auf dem Weg, in anderen noch weiter weg. Dieser Status quo beinhaltet typische kollektive Narrative, Denkmuster, Infrastruktur und gesellschaftliche, politische und ökonomische Machtverhältnisse. Alles das muss sich verändern, damit wir eine nachhaltige, klimagerechte Welt erreichen.

Wichtig ist dabei, sich klarzumachen, dass gesellschaftlicher Wandel kein linearer Prozess ist, der kontinuierlich voranschreitet. Es ist eher ein Kuddelmuddel aus plötzlichen, teils auch ordentlich großen Veränderungen und langsamen Entwicklungen. Manchmal sind auch Rückschritte dabei, das gehört leider dazu.

Als tendenzielle Grundrichtungen für gesellschaftlichen Wandel benennt die Zukunftsforschung bestimmte Megatrends.[65] Das sind Trends, die alle Lebensbereiche betreffen, in Wechselwirkung stehen und die (globale) Gesellschaft über einen Zeitraum von mindestens 50 Jahren beeinflussen. Megatrends sind so etwas wie die alternde Gesellschaft – die Fragen aufwirft bezüglich der Stabilität unseres Generationenvertrags, der Rentensicherheit und so weiter. Weitere Megatrends, an denen in den letzten Jahren niemand vorbeigekommen ist, sind die Digitalisierung und die Globalisierung. Nachhaltigkeit – das Zukunftsinstitut nennt es »Neo-Ökologie« – ist auch so ein Megatrend. Das ist mit Blick auf eine klimagerechtere Zukunft schon mal ein gutes Zeichen. Wenn also das nächste Mal jemand sagt, das Klimathema sei ja nur so eine Eintagsfliege, dann könnt ihr zufrieden in euch hineinlächeln und euch denken: »Nein, das Thema geht nicht wieder weg.«

Neben den langsamen, aber sehr mächtigen Megatrends gibt es andere, kurzfristigere Einflussfaktoren. Gesellschaftliche Akteure, die den Wandel bremsen, und solche, die den Wandel vorantreiben. Das können sein: die Wirtschaft, die Zivilgesellschaft (inklusive zum Beispiel der Klimabewegung), die Wissenschaft, die Medien und staatliche Akteure auf verschiedenen Ebenen (Ministerien, Städte, Bundesländer, Staaten, Staatengemeinschaften).

Eine wichtige Rolle für gesellschaftlichen Wandel können aktivistische Aktionen spielen, aber auch unerwartete Geschehnisse auf der Weltbühne wie beispielsweise eine Pandemie. Solche *Disruptionen* unterbrechen nämlich unsere Routinen: Unsere bisherigen Denkmuster und Denkschnellwege (*Heuristiken*; siehe Kapitel 1) passen dann nicht mehr. Dann müssen wir wieder aktiv denken und uns neu orientieren – wir denken um. Ich war am Anfang der Pandemie zum Beispiel total erstaunt, wie intensiv plötzlich die Zusammenarbeit zwischen Politik und Wissenschaft war. So ein Umdenken kann auch ausgelöst werden, wenn Leute sich auf der Straße festkleben, an Gleise ketten oder mit einem Schlauchboot zwischen Walfisch und Harpune steuern – wir sind irritiert und fragen uns, warum die das machen. Was ist so existenziell wichtig, dass Leute so drastische Maßnahmen ergreifen? Vielleicht versetzt man sich in die Aktivist*innen hinein und fragt sich, ob man selbst auch so mutig wäre. Im Denken testet man dann sozusagen aus, ob man auch das Zeug zur Aktivist*in hätte – und vor allem, ob man deren Einschätzung zur Lage eigentlich teilt.

Um Menschen zum Nachdenken zu bewegen, muss man sich aber gar nicht unbedingt an Baggern festketten. Man kann auch im eigenen Unternehmen oder in der Familie *disruptiv* sein, indem man Dinge einfach anders macht. Auch dann fragen sich Leute sicherlich irgendwann, wieso man das macht. Dabei muss man gar nicht missionarisch drauf sein und alle mit seinen Argumenten zutexten. Oft schauen sich Leute Verhalten auch einfach so an und vielleicht sogar ab. Das ist für alle Seiten angenehmer, als ständig anstrengende Diskussionen zu führen und sich gegenseitig Vorwürfe zu machen. Bei mir war das zum Beispiel so mit der vegetarischen Ernährung. Das ist heute nichts Besonderes mehr, aber als ich 2009 damit angefangen habe, war das noch eher selten. Wenn ich dann in der Mensa *das eine* vegetarische Gericht gegessen habe, sind da zwangsläufig manchmal Gespräche draus geworden, ohne dass ich sie angefangen hätte, weil Leute einfach neugierig sind und verstehen wollen. Das heißt natürlich nicht, dass sie meine Begründung – die Klimabilanz von Fleisch – immer nachvollziehbar fanden. Aber Gespräche fanden statt und graue Zellen wurden aktiviert.

Durch die Veränderung individueller Mindsets entsteht auf diese Weise ein Aushandlungsprozess, der auch neue kollektive Mindsets hervorbringen kann. Mit Mindsets meine ich sowas wie soziale Normen, aber auch Narrative und Wertewandel. Ein spannendes, manchmal aber auch frustrierendes Element ist, dass dieser Wandel nicht planbar ist (außer man hat zufällig extrem viel Geld und Reichweite) – die Veränderung kollektiver Denkweisen geschieht durch diverse, größtenteils unstrukturierte Kommunikation in den Medien, in sozialen Netzwerken, in Privatgesprächen und durch Politik. Als Einzelne kann man solche Debatten aber natürlich beeinflussen, indem man sich mit anderen zusammentut, zum Beispiel in Twitterstorms, als Teil einer *Grassroots*-Kampagne oder in Leser*innenbriefen.

So kann sich die Wahrnehmung von Ideen als »undenkbar« oder »radikal« hin zu »normal« verschieben, abhängig davon, wie sie diskutiert werden. Unser Denkraum erweitert sich, wir halten Dinge für möglich, die wir vorher nicht mal kannten. Bob Hunter, der Greenpeace-Gründer, hat dazu einen sehr schönen Satz gesagt: »Big change seems impossible when we start, but inevitable when we finish« – große Veränderungen scheinen am Anfang unmöglich, am Ende jedoch unausweichlich.

Im besten Fall ziehen Akteure aus jedem der gesellschaftlichen Bereiche gemeinsam an einem Strang, um die Transformation zu beschleunigen. Auch deswegen bringt es nichts, wenn wir bei Nachhaltigkeit immer nur an privaten Konsum denken und an unserem individuellen CO_2-Fußabdruck arbeiten. Wir sind alle auf allen diesen Ebenen verbunden. Wir alle arbeiten oder gehen zur Schule, wir alle können uns ehrenamtlich engagieren, wir alle arbeiten am Wissensaufbau und an der Wissensweitergabe unserer Gesellschaft, wir alle lesen, hören, schreiben Medienbeiträge und wir alle sind der Souverän dieses Landes und können politisch Einfluss nehmen.

Man kann sich einer sozialen Bewegung oder Umweltbewegung anschließen und dort gemeinsam mit Gleichgesinnten Kampagnen machen. Man kann Kindern Wissen weitergeben – von den Basics des Klimawandels bis zu der Frage, wie man Socken stopft statt sie wegzuwerfen oder Gemüse im Garten zieht. Man kann Leser*innen-Briefe an Zeitungen schreiben, selbst Medienarbeit machen, auf Social Media Inhalte verbreiten und dem ganzen Hass eine Gegenrede entgegensetzen. Man kann in die Bürger*innensprechstunde zu Abgeordneten gehen und denen sagen, was einem wichtig ist. Die Möglichkeiten sind endlos. Probiert euch aus und macht das, was euch am Ende am meisten Spaß macht.

Mein geheimes Ziel für dieses Buch war und ist, dass ihr versteht, dass ihr systemisch eingebunden seid – also mit anderen Menschen und mit der Natur verbunden. Dass ihr ein ganzes Schaltpult mit Veränderungshebeln vor euch habt – im eigenen Kopf und in eurer Mitwelt – und dass ihr nicht ohnmächtig seid. Wir können das zusammen schaffen.

Immer, wenn wir selbst einen Schritt in die richtige Richtung gehen, werden wir sozusagen Pionier*innen des Wandels. Pionier*innen des Wandels leben anderen Menschen vor, wie die Utopie von einer schönen Zukunft aussehen könnte. Sie verbreiten Zukunftsvisionen und Zukunftswissen. Wenn ihr Urban Gardening macht, dann seid ihr Pionier*innen des Wandels. Wenn ihr einen Radurlaub macht, dann seid ihr Pionier*innen des Wandels. Wenn ihr unverpackt einkauft, wenn ihr auf Demos geht, wenn ihr von euren Lösungen, Träumen und Ideen sprecht, dann seid ihr Pionier*innen des Wandels. Ihr könnt damit die sozialen Normen der anderen Menschen verändern und dafür sorgen, dass neue Lebensentwürfe bekannter werden.

In *gesellschaftlichen Nischen* kann man gemeinsam in der Zukunft probewohnen und den anderen zeigen, wie schön man es haben könnte. So kann eine Zukunftsvision eine Sogwirkung bekommen, eine Anziehungskraft, die eine Eigendynamik entwickeln kann. Wenn wir in einzelnen Teilen der Gesellschaft unsere Vorstellung von der Zukunft realisieren, dann können andere sich diese als Vorbilder anschauen. Manchmal wird sowas sogar als *Modellprojekt* politisch finanziert und wissenschaftlich begleitet, sodass man die Erkenntnisse in anderen Projekten anwenden kann und die Politik die Lösungen im besten Fall hochskaliert, weil sie sich bewährt haben. Eines der schönsten Beispiele dafür ist, wie die Bürgermeisterin von Paris die französische Hauptstadt umgestaltet – sie will sie zu einer *Stadt der 15-Minuten-Wege* machen. Eine Stadt, in der man zu Fuß und auf dem Fahrrad alles erreicht, was man zum Leben braucht. Dann braucht es keine Stadtautobahnen mehr und sogar weniger ÖPNV – und es ist viel mehr Platz für Leben. Solche Visionen sind nicht nur rational vorteilhaft, sondern lassen unsere Emotionen anschlagen – und die sind wie wir ja wissen unsere größten Motivatoren.

Wenn sich genug Menschen diese gesellschaftlichen Nischen anschauen und sie gut finden, kann aus einer kleinen Bewegung Großes werden. Dazu braucht es übrigens gar keine absoluten Mehrheiten. Auch nicht in einer Demokratie. Das liegt zum Beispiel daran, dass Pionier*innen auch aus einer gesellschaftlichen Nische heraus soziale Normen verändern können. Es gibt aber noch mehr solcher *social tipping points* – soziale Kippelemente. Denn zum Glück hat nicht nur das Klima Kipppunkte, sondern auch eine Gesellschaft. Wissenschaftliche Studien zeigen, dass ein Thema die Unterstützung von etwa 10 bis 25 Prozent der

Menschen braucht, damit es politische und gesellschaftliche Veränderungen gibt. Für die Nachhaltigkeit haben wir die längst überschritten!

Das Prinzip der Kippelemente gilt eigentlich für alle möglichen Strukturen, nicht nur für das Klima und gesellschaftliche Anerkennung von Themen. Auch in der Infrastruktur, dem Finanzwesen oder den gesellschaftlichen Machtverhältnissen gibt es Hebel, bei denen man mit wenig Kraftaufwand viel bewegen kann, weil irgendwann Kipppunkte erreicht sind. Die Wirtschafts- und Sozialwissenschaftlerin Ilona Otto hat mit einer Forschungsgruppe für das Potsdam Institut für Klimafolgenforschung mal erforscht, welche sozialen Kippelemente uns noch schnell genug den Allerwertesten retten könnten in der Umsetzung der 17 Nachhaltigkeitsziele (SDGs) vor 2030.[66] Solche Kippelemente sind zum Beispiel das Finanzwesen und die Energieinfrastruktur – wenn Versicherungen fossile Projekte nicht mehr versichern (zum Beispiel den Bau eines Kohlekraftwerks) oder wenn Investoren nicht mehr in neue Gasförderung oder Ölförderung investieren, dann wird das auch einfach nicht mehr stattfinden. So geht der Wandel dann auch mal sehr schnell.

Wir müssen also anfangen, Geld umzulenken in die Technologien, die wir in der Zukunft brauchen, und Subventionen streichen, die uns von einer lebenswerten Welt wegführen – daran wird zum Beispiel in *Divestment*-Kampagnen gearbeitet. Die beschäftigen sich mit dem großen Ganzen der Finanzen – aber man kann auch mit einem persönlichen Divestment anfangen, zum Beispiel durch den Wechsel zu einer nachhaltigen Bank (aktuell gibt es in Deutschland davon nur eine Handvoll: die Ethikbank, die GLS-Bank, die Tomorrow Bank und die Triodos Bank). Das geht relativ schnell und man kann sich dadurch sicher sein, dass das eigene Geld nicht mehr in Waffenhandel, Menschenrechtsverletzung, fossile Projekte oder Agrarspekulationen investiert wird. Ich vermute, dass ihr davon eh nicht so die Fans seid, euer Geld aber bisher vielleicht schon noch. Auch neben solche wirklich alltäglichen Sachen kann man einmal den Wertekompass legen und sich fragen, was man eigentlich finanzieren möchte.

Klimabildung ist ebenfalls ein wichtiger Kipppunkt, weil sie wiederum langfristig gesellschaftliche Normen verändern kann und Wissen vermittelt – nicht nur zu Problemen, sondern auch zu Lösungen. Ob das nun in der eigenen beruflichen Umgebung, in der Grundschule der Kinder, der Volkshochschule oder anderen Initiativen ist oder einfach in der eigenen Familie mit kleinen Natur-Kennenlern- oder Nachhaltigkeitsprojekten: Wissen selbst vermitteln oder dafür Expert*innen einladen kann man fast überall. Und unser Hirn, der Schwamm, nimmt es auch gerne auf.

Zentral ist für die Veränderung unseres Verhaltens, dass wir motiviert, im besten Fall sogar begeistert sind und gut auf uns achten, damit wir auch am Ball bleiben können. Unsere Gefühle sind hier unsere Verbündeten. Angst, Scham oder Schuld mag uns vielleicht manchmal davon abhalten, den Klimafakten ehrlich ins Auge zu blicken. Aber wenn wir lernen, unsere Emotionen zuzulassen, die Bedürfnisse und Werte dahinter zu erkennen, dann sind sie der größte Antrieb, den ein Mensch haben kann. Wut, Angst und Trauer werden dann zu Verbündeten, mit denen wir die Klimakrise in den Griff bekommen. Freude, Stolz und Liebe zu Mitstreiterinnen auf dem Weg in eine Zukunft, die uns glücklich macht und in der wir friedlich auf der Erde leben. Unsere heimliche Superkraft eben!

Sprecht mit eurem Umfeld über eure Klimagefühle – das kommt immer besser an als der erhobene Zeigefinger. Erzählt, was euch an der aktuellen Politik aufregt und von welchen Lösungen ihr träumt. Darüber zu sprechen hilft euch und anderen nicht nur, weil es total entlastend sein kann, Gefühle zu teilen, sondern es erreicht die Menschen in eurer Nähe noch mal ganz anders. Wenn jemand uns erzählt, was ihn oder sie berührt, dann ist das Gefühl für die Zuhörer*innen auch ein Problemanzeiger – sie verstehen dann vielleicht besser, dass es wirklich ernst ist. Nicht nur für euch, sondern für das Leben auf unserem Planeten. Wie gesagt – das menschliche Gehirn liebt Geschichten. Erzählt eure Klimageschichte.

Vielleicht hört ihr so auch ein paar Geschichten und Gefühle von euren Liebsten und entdeckt neue Verbündete. Sucht euch die Projekte aus, die zu euch und euren Werten passen, und probiert einfach mal aus. Und lasst euch nicht davon einschüchtern, dass die Aufgaben riesig und das System festgefahren erscheinen: Soziale Kipppunkte werden in Gang gesetzt, wenn wir uns zu den benötigten 10 bis 25 Prozent zusammentun. Das schaffen wir. Sucht euch also Gleichgesinnte, bildet Banden! Die richtige Zeit zum Handeln ist jetzt.

Dank

Dankbarkeit ist ein wunderschönes Gefühl. Es gibt so viele Menschen, denen ich unglaublich dankbar bin. Ich hoffe immer, dass ich irgendwann mit einem Gefühl von Dankbarkeit sterben kann. Dankbarkeit für diesen wunderbaren Planeten, für die Menschen, für dieses Leben.

Heute bleibt mir zuallererst, Laura Kohlrausch vom oekom verlag zu danken. Danke für deine Motivation, deine Unterstützung, dein Verständnis – was für ein Glück ich hatte, ausgerechnet mit dir zusammenarbeiten zu dürfen!

Mein Dank geht außerdem an Carla Reemtsma, die mir sehr spontan ein Vorwort geschrieben hat. Ich finde es immer wieder beeindruckend, wie unterstützend diese Bewegung ist: Wir kennen uns kaum und helfen uns doch wie selbstverständlich!

Ich danke Johanna Gratzel und Felix Peter für ihre psychologische Expertise und die wichtigen Kommentare zu den ersten Entwürfen dieses Buchs. Danke, liebe Pia Lamberty, für deine kleine Begriffsrecherche für mich. Arnaud, danke, dass du das ganze Buch gelesen, Feedback gegeben hast und so geduldig mit mir warst, wenn ich im Buch-Tunnel war! Anita, ich danke dir für deinen Spirit und dein Wissen – dieses Buch atmet dich, auch wenn du am Ende nicht daran mitgeschrieben hast. Danke auch an Kira, an Denise und an Resa, die mir Feedback zu verschiedenen Abschnitten gegeben haben.

Ich danke auch unserer unglaublichen Klimabewegung, besonders den *Psychologists for Future* und den Regenbogenkrieger*innen aus der *Greenpeace*-Familie: Ihr seid die Hoffnung, die Zuversicht, der Lichtblick für diese Welt. Ich fühle mich geehrt und beflügelt, Seite an Seite mit euch zu stehen.

Ich bin ewig dankbar für die vielen wunderbaren Menschen in meinem Leben, für die Liebe und Freude, die ich mit euch teilen darf: meine Eltern, Anja und Christian, Resa, David, Arnaud, Kira, Denise, Paddy, Johanna, Anahita, Jelena, Adrian, Jana, Lukas. Ich bin dankbar für die Mentor*innen, die wunderbaren Menschen, die mich auf meinem Weg begleitet haben, und die vielen tollen Menschen, von und mit denen ich, auch in meinen Therapien, lernen durfte.

Anmerkungen

1 Gigerenzer, Gerd (2008): Bauchentscheidungen. Die Intelligenz des Unbewussten und die Macht der Intuition, Goldmann.

2 www.psychologytoday.com/us/blog/reality-play/201812/mourning-climate-change

3 www.who.int/news/item/11-10-2021-who-s-10-calls-for-climate-action-to-assure-sustained-recovery-from-covid-19

4 Menzel, Claudia (2022): Naturerfahrungen – was sie für uns als Individuum und die Gesellschaft bedeuten, in: van Bronswijk, Katharina/Hausmann, Christoph (Hrsg.): Climate Emotions. Klimakrise und psychische Gesundheit, Psychosozial-Verlag.

5 www.sciencedirect.com/science/article/abs/pii/S0033350618302130

6 www.deutschlandfunk.de/zika-epidemie-ein-virus-attackiert-das-gehirn-100.html

7 de.statista.com/infografik/14990/ernteausfaelle-in-deutschland; www.agrar-aktuell.de/Nachrichten/Ernte-2018

8 www.apa.org/news/press/releases/mental-health-climate-change.pdf

9 klimaimkopf.podigee.io

10 www.fao.org/soils-2015/events/detail/en/c/338738

11 www.umweltbundesamt.de/publikationen/KWRA-Zusammenfassung

12 www.mcc-berlin.net/fileadmin/data/clock/carbon_clock.htm

13 www.umweltbundesamt.de/themen/nachhaltigkeit-strategien-internationales/umweltbewusstsein-in-deutschland

14 Auf der Website kann man sogar testen, mit welchen Drachen man selbst besonders kämpft: www.dragonsofinaction.com

15 Latane, Bibb/Darley, John M. (1968): Group inhibition of bystander intervention in emergencies, in: Journal of Personality and Social Psychology, 10(3), S. 215–221.

16 Osborne, Danny/Sibley, Chris G. (2013): Through Rose-Colored Glasses: System Justifying Beliefs Dampen the Effects of Relative Deprivation on Well-Being and Political Mobilization, in: Personality and Social Psychology Bulletin, 39(8), S. 991–1004.

17 www.sinus-institut.de/media-center/presse/sinus-milieus-2021

18 www.cambridge.org/core/journals/global-sustainability/article/discourses-of-climate-delay/7B11B722E3E3454BB6212378E32985A7

19 de.statista.com/statistik/daten/studie/1274590/umfrage/kumulierte-co2-emissionen

20 veritas-beratung.de
21 www.sinus-institut.de/media-center/presse/sinus-milieus-2021
22 Barker, Terry/Dagoumas, Athanasios/Rubin, Jonathan D. (2009): The macroeconomic rebound effect and the world economy, in: Energy Efficiency, 2(4), S. 411–427.
23 uba.co2-rechner.de/de_DE
24 Reddemann, Luise (2015): Kriegskinder und Kriegsenkel in der Psychotherapie. Folgen der NS-Zeit und des Zweiten Weltkriegs erkennen und bearbeiten – Eine Annäherung, Klett-Cotta.
25 www.manager-magazin.de/unternehmen/tech/instagram-schadet-der-psyche-facebook-weiss-das-a-637c4c46-0226-4919-8e69-c88354d949f4
26 Hickman, Caroline et al. (2021): Young people's voices on climate anxiety, government betrayal and moral injury: A global phenomenon, in: Government Betrayal and Moral Injury: A Global Phenomenon.
27 www.shell.de/about-us/shell-youth-study/_jcr_content/par/toptasks.stream/1570708341213//4a002dff58a7a9540cb9e83ee0a37a0ed8a0fd55/shell-youth-study-summary-2019-de.pdf
28 germany.representation.ec.europa.eu/news/eurobarometer-europaerinnen-und-europaer-halten-den-klimawandel-fur-das-derzeit-grosste-globale-2021-07-05_de
29 www.sciencedirect.com/science/article/abs/pii/S0272494419307145
30 www.researchgate.net/profile/Glenn-Albrecht/publication/5820433_Solastalgia_The_Distress_Caused_by_Environmental_Change/links/02e7e51beff7eb0b3a000000/Solastalgia-The-Distress-Caused-by-Environmental-Change.pdf
31 Cunsolo Willox, A. et al (2013): ›The land enriches the soul‹: On climatic and environmental change, affect, and emotional health and well-being in Rigolet, Nunatsiavut, Canada, in: Emotion, Space and Society, 6(1), S. 14–24.
32 www.sciencedirect.com/science/article/pii/S2667278221000018
33 www.comedyforfuture.de
34 www.humorhilftheilen.de
35 klimaimkopf.podigee.io
36 www.sciencedirect.com/science/article/abs/pii/S0272494412000138
37 journals.sfu.ca/jd/index.php/jd/article/view/92
38 doi.org/10.1016/j.avb.2018.02.003
39 news.harvard.edu/gazette/story/2019/02/why-nonviolent-resistance-beats-violent-force-in-effecting-social-political-change
40 www.psychologistsforfuture.org/unterstuetzung-fuer-engagierte
41 Hanigan, Ivan C. et al. (2012): Suicide and drought in New South Wales, Australia, 1970–2007, in: PNAS, 109(35), S. 13 950–13 955.
42 lecture2go.uni-hamburg.de/l2go/-/get/v/22732
43 www.zukunftsinstitut.de/dossier/megatrends
44 Diese Werteliste ist adaptiert aus Harris, Russ (2011): The confidence gap: From fear to freedom. Hachette UK.
45 www.youtube.com/watch?v=1BHOflzxPjI
46 buergerrat-klima.de
47 Macha, Kathrin/Adelmann, Georg (2022): Activist Burnout. A movement and a planet burning out, in: Katharina van Bronswijk/Christoph Hausmann (Hrsg.): Climate Emotions – Klimakrise und psychische Gesundheit, Psychosozial Verlag.
48 www.feuerwehrmagazin.de/wissen/gewalt-gegen-feuerwehr-und-rettungsdienst-nimmt-zu-66034
49 hateaid.org

50 hassmelden.de

51 dejure.org/gesetze/BUrlG/7.html

52 www.aerzteblatt.de/nachrichten/118657/WHO-gibt-neue-Aktivitaetsempfehlungen-heraus-fuer-die-Gesundheit-zaehlt-jede-Bewegung

53 www.pik-potsdam.de/de/institut/abteilungen/klimaresilienz

54 Hirschhausen, Eckart von (2012): Glück kommt selten allein, Rowohlt Verlag, S. 87.

55 Fredrickson, Barbara L. (2011). Die Macht der guten Gefühle: wie eine positive Haltung Ihr Leben dauerhaft verändert. Campus Verlag.

56 goodnews.eu und https://goodnews-magazin.de

57 https://web.archive.org/web/20220307155624/https://static1.squarespace.com/static/5560cec6e4b0cc18bc63ed3c/t/5560cf97e4b006bb686f9a38/1432407959773/Lifeboat_A_Field_Guide.pdf

58 www.bbk.bund.de/DE/Warnung-Vorsorge/Fuer-alle-Faelle-vorbereitet/fuer-alle-faelle_node.html

59 mindworkslab.org/thedisruptedmind/the-crisis-timeline

60 journals.sagepub.com/doi/abs/10.1177/070674371105600203

61 www.bbk.bund.de/DE/Warnung-Vorsorge/Vorsorge/Notgepaeck/notgepaeck_node.html

62 www.presseportal.de/pm/135827/4836615

63 kommunalwiki.boell.de/index.php/RWE_und_Kommunen#Auswirkungen_auf_Kommunen

64 research-repository.st-andrews.ac.uk/bitstream/handle/10023/16283/JamesNott_2016_JSH_DancingFront_AAM.pdf?sequence=3&isAllowed=y, S. 29.

65 www.zukunftsinstitut.de/dossier/megatrends

66 Empfehlenswert der Vortrag dazu auf YouTube: www.youtube.com/watch?v=cRwClDeM-18

Über die Autorin

© Arnaud Boehmann

Katharina van Bronswijk ist als Sprecherin der *Psychologists and Psychotherapists for Future* gut vertraut mit den komplexen Zusammenhängen zwischen Umweltkrisen und psychischer Gesundheit, zu denen sie regelmäßig Vorträge hält, Interviews gibt und publiziert (zuletzt »Climate Action – Psychologie der Klimakrise«). Die Psychologin und Verhaltenstherapeutin ist seit 2009 im Klimaschutz aktiv, unter anderem bei Greenpeace, und betreibt eine eigene Praxis in der Lüneburger Heide.